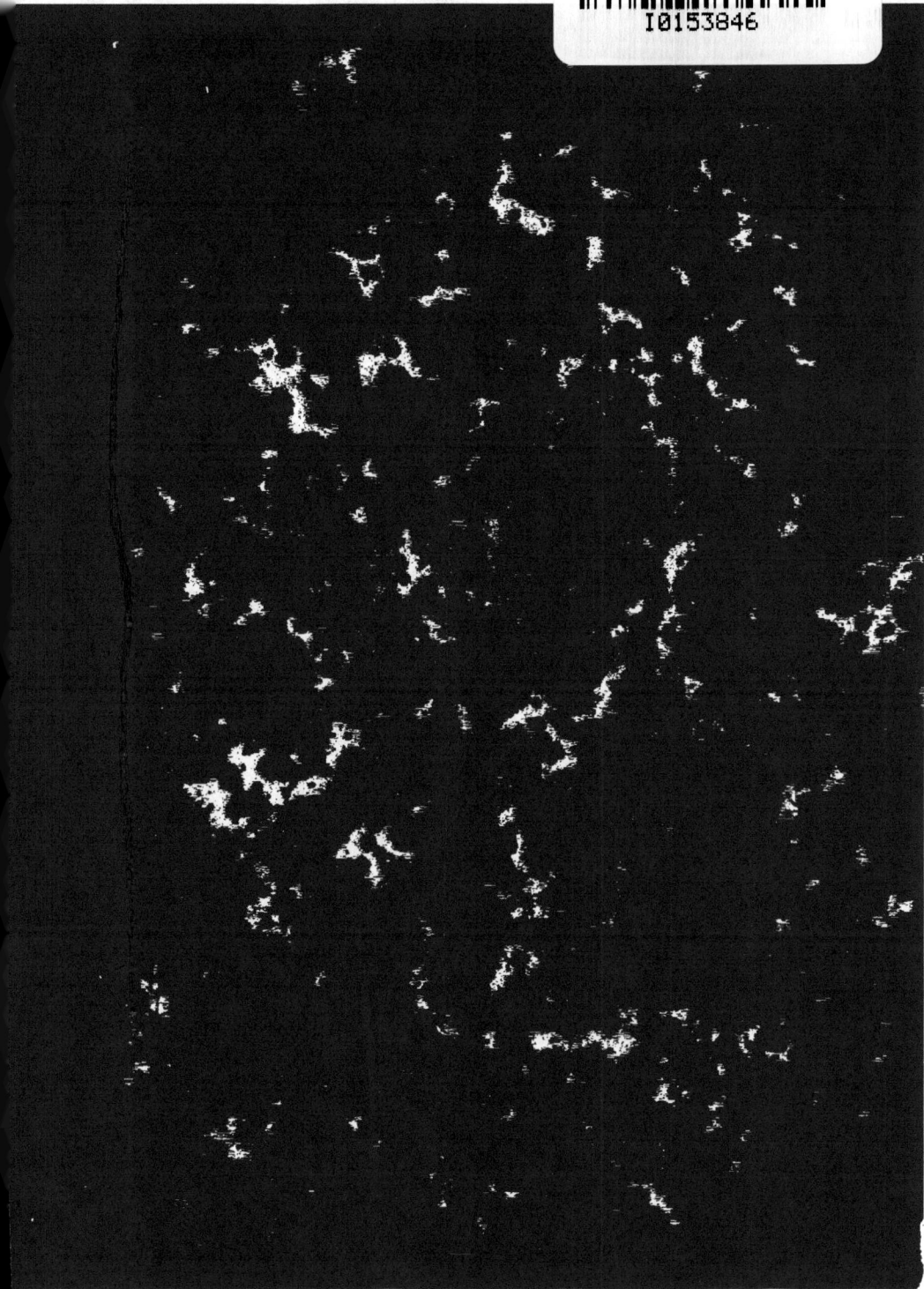

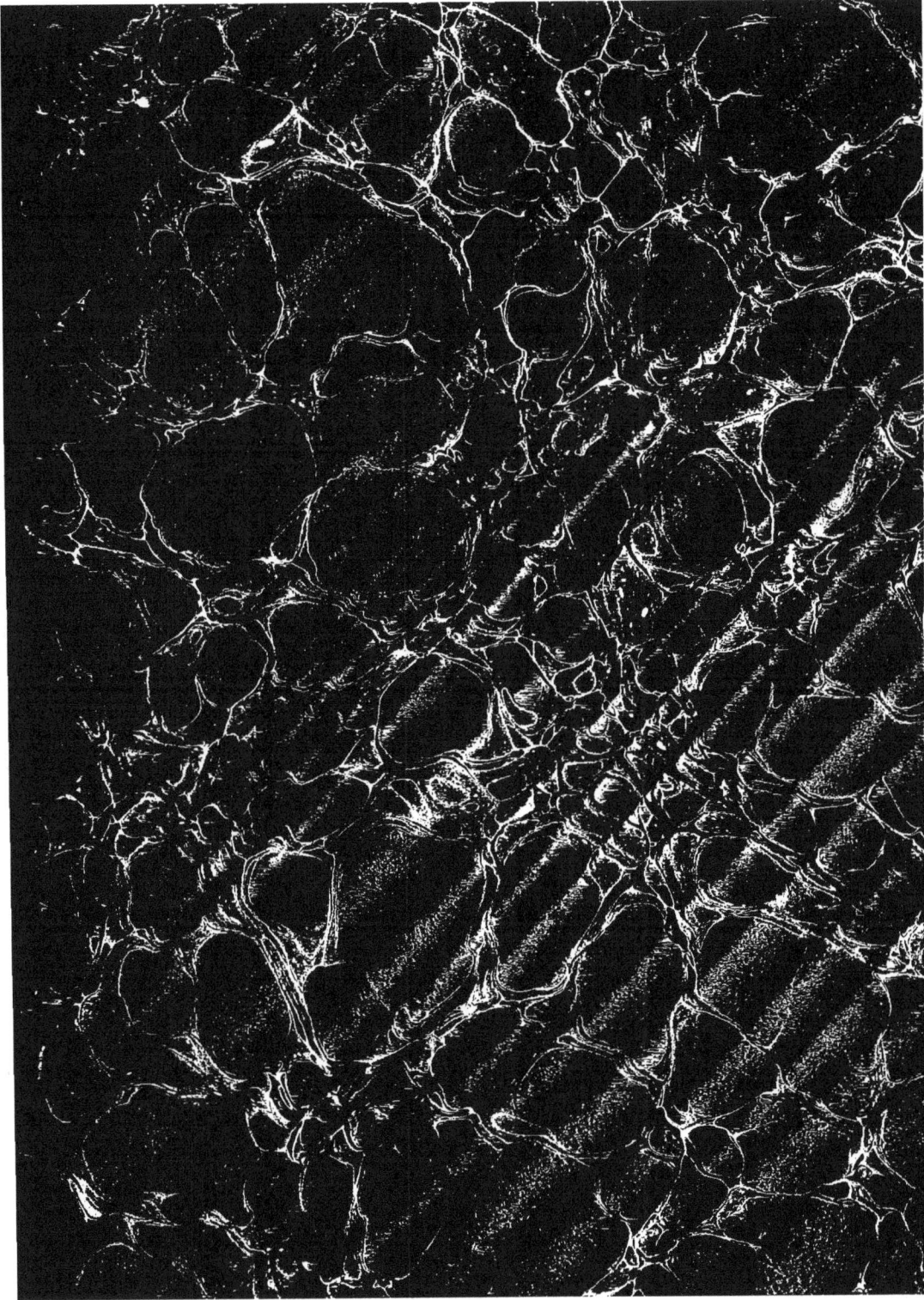

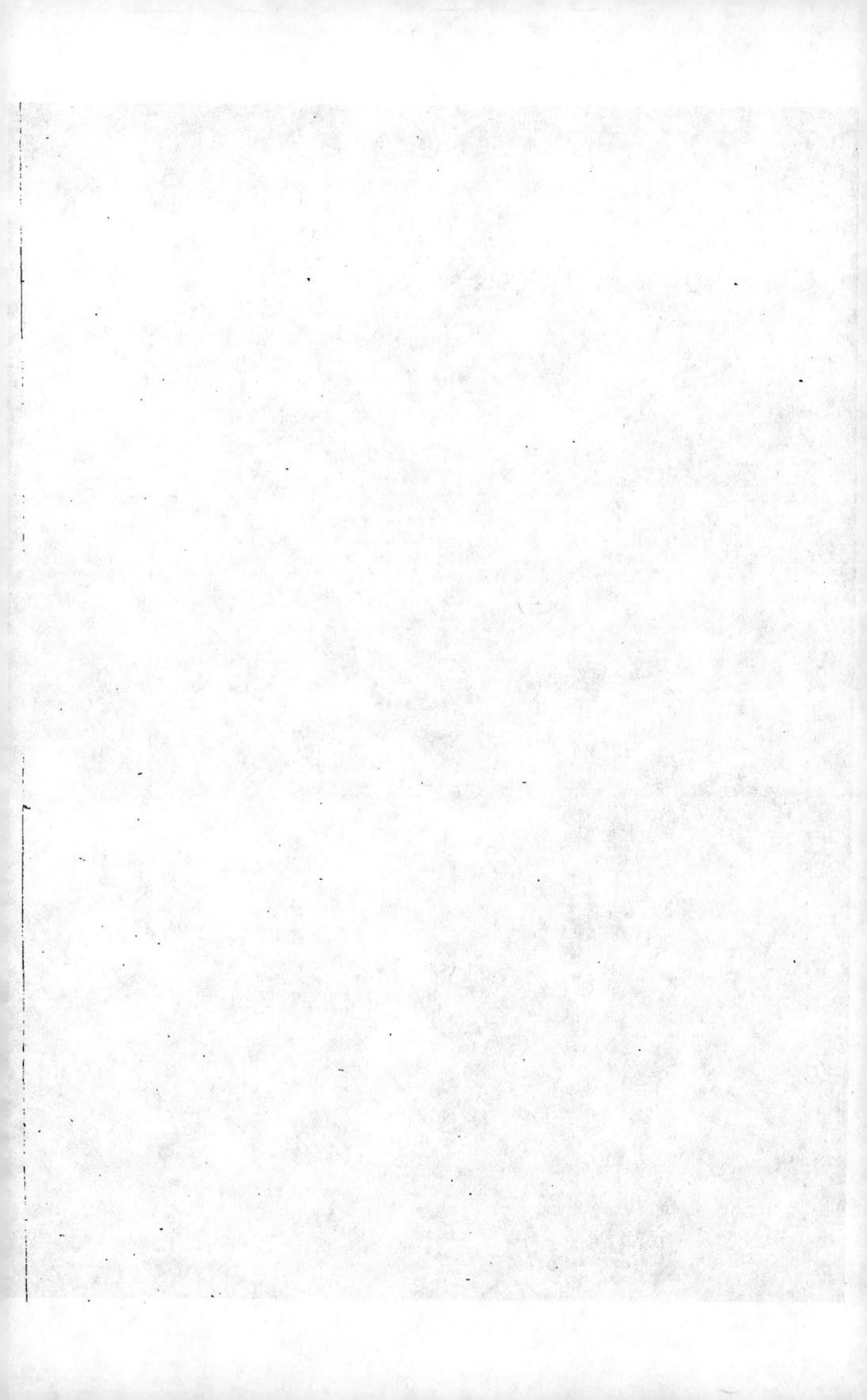

VIGNOLE

DES

PROPRIÉTAIRES.

IMPRIMERIE DE CH. RICHELET, AU MANS.

VIGNOLE

DES PROPRIÉTAIRES,

OU LES CINQ ORDRES

D'ARCHITECTURE,

D'APRÈS J. BARROZZIO DE VIGNOLE,

PAR **MOISY** PÈRE ;

SUIVI DE LA CHARPENTE, MENUISERIE ET SERRURERIE,

PAR **THIOLLET** FILS.

PARIS

J. LANGLUMÉ ET PELTIER, LIBRAIRES-ÉDITEURS,

RUE DU FOIN–SAINT–JACQUES, 11.

1840.

PRÉFACE.

En donnant cet ouvrage, nous avons voulu mettre les personnes qui désirent faire bâtir, en état de commander ou de rendre eux-mêmes leurs intentions ; c'est pourquoi il sera utile aux praticiens. Afin de faciliter ceux qui le consulteront, nous avons cru indispensable de donner quelques notions de géométrie, bases des tracés que nous avons employés dans cet ouvrage, et aussi la théorie de la construction que nous donnerons dans toutes ses parties.

Plusieurs peuples ont construit des monuments suivant leurs positions, leurs goûts et le motif de leurs usages.

Les monuments moresques sont bizarres et très-riches par une confusion d'ornements.

L'architecture égyptienne a un style sévère, solide et grandiose.

Les monuments gothiques sont sveltes, très-contournés et d'une grande solidité ; leur théorie demande une étude particulière, qui est donnée dans le grand ouvrage de MM. Gotta et Boisserée.

Les monuments grecs tiennent de l'architecture égyptienne ; ils sont plus étudiés, ont des proportions plus arrêtées, et ont servi de type à l'architecture romaine antique ; c'est de cette dernière que les anciens architectes ont composé des ordres et y ont établi des proportions, tels que Philibert-Delorme, Scamosi, Serlio, Palladio et Barrozzio de Vignole[1]. Ce dernier ayant donné des proportions qui ont plus d'avantages est généralement suivi ; c'est aussi celui que nous avons préféré.

Nous donnons un exemple d'architecture grecque, le grand Temple de Pæstum[2], non pour nous conformer à la routine, mais comme convenant mieux aux édifices publics[3], tels que prisons, douanes, abattoirs, etc., etc.

Pour faire le projet d'une bâtisse, il faut d'abord se pénétrer de l'objet auquel on le destine, y donner un caractère et des proportions analogues, sans pour cela y employer un ordre d'architecture qui serait déplacé, à une ferme, à une maison ordinaire de cultivateur, etc., etc.

1. Jacques Barrozzio de Vignole, né à Vignole, dans le duché de Milan, en l'année 1507.

2. On ne dit pas à qui ce temple a été consacré. Il a été mesuré avec une scrupuleuse exactitude par C. M. Delagardette, pensionnaire de l'Académie de France à Rome.

3. Les superbes monuments tels que le temple de Thésée, le Parthénon à Athènes, n'auraient pas convenu à l'emploi cité ici.

VIGNOLE
DES PROPRIÉTAIRES.

Pour dessiner l'architecture, ainsi que tout dessin linéaire, il est indispensable d'avoir quelques notions de géométrie.

GÉOMÉTRIE.

PLANCHE PREMIÈRE.

Le *point géométrique* n'ayant aucune dimension, il doit être le plus fin possible, fig. 1re.

Le *point de section* est celui où des lignes où sections se croisent, a, fig. 2 et 3.

Le *point de centre* est celui qui sert à décrire un cercle, portion de cercle ou section, a, fig. 4.

Le *point tangent* est celui où une ligne touche un cercle, a, fig. 11.

La *ligne* n'a ni largeur ni épaisseur, fig. 5; traînant une pointe ou crayon d'un point de départ A, à un point d'arrivée B, on trace une ligne droite quand elle suit constamment la même direction dans toute sa longueur.

La *ligne courbe* est celle qui change de direction à tout moment, fig. 6.

La *ligne mixte* est composée de lignes droites et courbes, fig. 7.

Les lignes prennent différents noms suivant leur emploi, leur forme ou position. Dans les dessins on fait usage de plusieurs sortes de lignes, savoir : de *grosses*, pour indiquer les côtés d'ombre, de *fines*, pour les côtés de jour, de *ponctuées* de diverses sortes pour indiquer les parties qu'on ne peut voir, étant dessous ou au-dessus de l'objet visible ; aussi pour indiquer les opérations et projections.

La *ligne orizontale* ou *de niveau* A B, fig. 8, est parallèle à l'horizon ou à la surface de l'eau ; une *ligne d'aplomb* lui est perpendiculaire, voyez C D, fig. 17.

La *ligne oblique*, rampante ou inclinée, penche plus d'un côté que de l'autre ; on la nomme aussi biaise, E F, fig. 9.

Les lignes A B et E F, fig. 8 et 9, sont *divergentes* entre elles; *tendantes* à un même point éloigné.

La *diagonale* se termine aux deux angles opposés d'une figure rectiligne, à un carré; elle est à 45 degrés, A B, fig. 10.

La *diamétrale* coupe un cercle ou une ellipse en deux également passant par son centre, A B, fig. 11; il n'y a que le grand diamètre qui coupe l'ovale en deux parties égales.

La *tangente* touche un cercle en un point a, comme C D, fig. 11.

La *sécante* coupe un cercle comme E F, fig. 11.

La *spirale* tourne autour d'un centre en s'en éloignant, fig. 12, comme les volutes des chapitaux.

L'*hélice* fig. 13, tourne autour d'un cylindre en s'éloignant comme une vis, un escalier en tour ronde; c'est le principe de la colonne torse.

Deux lignes sont *parallèles* entre elles, lorsqu'étant prolongées à l'infini, elles ne peuvent se rencontrer. Pour les tracer, de deux points sur la ligne A B, fig. 14, avec une même ouverture de compas, tracez les deux arcs a b et c d, et, du sommet de ces arcs, menez la ligne C D, elle sera parallèle à la première A B. Pour abréger le travail, quand on a plusieurs lignes à tracer, fig. 15, on ajuste le côté a b d'une équerre, sur une ligne soit A B; on applique ensuite une règle sur l'autre côté a c de l'équerre, en appuyant fortement sur cette règle; faites glisser votre équerre jusqu'à chaque point d'où vous voudrez mener des parallèles, comme de C à D, E à F, etc.

Ligne perpendiculaire d'équerre ou à angle droit. Il est indispensable, pour faire un dessin d'architecture, d'établir premièrement sur son papier une perpendiculaire, soit au milieu ou sur une de ses extrémités : 1° pour celle du milieu du papier; tracez une ligne A B, fig. 16; du milieu C de cette ligne, marquez deux points a et b; et de ces deux points, avec une même ouverture de compas à volonté, faites les sections c d, e f, g h, i k; de leurs points de sections F et G, tracez une ligne qui doit passer au centre C, et formera avec la ligne A B quatre angles droits et lui sera perpendiculaire.

2° Si la ligne du milieu pouvait nuire au dessin, ayant tiré la ligne de terre A B, fig. 17, du point où vous voulez élever une ligne, soit C, faites des sections qui vous donneront les points D, et E; de chacun de ces points, faites des sections comme ci-dessus, et du point de leurs intersections D, abaissez une ligne au point C, elle sera d'aplomb et d'équerre à la ligne A B, et formera aussi de chaque côté deux angles droits.

Si l'on avait besoin d'une ligne d'équerre à un des angles du papier, la ligne de base A B, fig. 18, étant faite, posez une des pointes du compas au point C, d'où vous voulez élever une ligne, ouvrez-le à volonté, soit à D de ce point sans changer l'ouverture du compas, faites les arcs a a et b b, a a coupera la ligne de base A B au point E; de ce point, ajustez une règle au premier point D, prolongez un bout de ligne qui coupera la section b b au point F, duquel vous abaisserez une ligne en C; elle sera perpendiculaire à la première.

Ou (même fig.), si vous avez assez de marge, d'un point donné C sur la ligne A B, faites l'arc indéterminé E e, du point E faites l'arc C c, et du point D où les deux arcs se couperont, faites l'arc C b qui coupera le premier arc au point G, duquel vous faites le petit arc ou section d d, qui coupera le grand arc au point F, duquel vous abaissez au point C la ligne qui sera perpendiculaire à la ligne A B.

DES ANGLES.

Deux lignes se joignant en un point forment un *angle*; ils prennent le nom de *rectiligne*, étant formé de lignes droites, fig. 19.

Curviligne, étant formé de lignes courbes, figure 20.

Mixtiligne, étant formé de lignes droites et courbes, comme la figure 21.

Les angles prennent aussi leurs noms suivant leur ouverture qui se compte d'après les degrés du cercle, lequel se divise en 360. (Voyez la figure 31.)

L'*angle droit* ou *d'équerre*, figure 22, a 90 degrés; le tracé ponctué dans la figure indique la manière de couper tout angle en deux, pour avoir l'onglet ou tracé des assemblages.

L'*angle aigu* est plus fermé que l'angle droit a a, figure 23.

L'*angle obtus* est plus ouvert que l'angle droit a a, figure 24.

DES TRIANGLES.

Le nom *triangle* signifie figure formée de trois angles, qui, pris ensemble, sont toujours égaux à deux angles droits ou 180 degrés. (Voyez la figure 31.)

On distingue deux sortes de triangles, trois rapports à leurs côtés, et trois rapports à leurs angles.

RAPPORT A LEURS COTÉS.

Le *triangle équilatéral* a ses trois côtés égaux, figure 25.

L'*Isocèle* a deux côtés égaux, figure 26.

Le *scalène* a ses trois côtés inégaux, figure 27.

RAPPORT A LEURS ANGLES.

Le *rectangle* a un angle droit, figure 28.

L'*amblygone* a un angle obtus, figure 29.

L'*oxygone* a ses trois angles aigus, figure 30.

DU CERCLE.

La ligne circulaire qui forme le cercle se nomme *circonférence* A D B E, figure 31.

Toute ligne passant par le centre d'un cercle aboutissant à sa circonférence en A et B , se nomme *diamètre* ; sa moitié se nomme *rayon* , ainsi que toutes les lignes partant du centre touchant à la circonférence comme C B , C F , etc.

Toutes portions de circonférence comme A G D , D F , etc. , se nomment *arcs*.

La ligne touchant les deux extrémités d'un arc se nomme *corde* , comme A D.

La ligne perpendiculaire partant du milieu de la corde en H joignant la circonférence en G se nomme *flèche*.

La circonférence du cercle se divise en 360 parties égales qu'on nomme *degrés* ; son quart en a donc 90 , ce qui donne l'angle droit, comme A C D , D C B.

Comme les angles sont comptés par le nombre de degrés de leurs ouvertures , un angle a 45 degrés quand il a la moitié de l'ouverture de l'angle droit, comme C B F, C F D. On se sert pour lever les angles sur le terrain d'un instrument nommé graphomètre , et pour les rétablir sur le papier , d'un demi-cercle divisé en même nombre, nommé rapporteur ; on se sert aussi d'un instrument que l'on nomme planchette.

La longueur d'un rayon a la propriété de diviser le cercle en six parties égales , ce qui est très-utile pour diviser les polygones.

Les *surfaces* n'ont aucune épaisseur, c'est une étendue formée par des lignes ; elles prennent leurs noms d'après celles qui les renferment. Voyez ce que nous avons dit plus haut pour les lignes et angles.

La figure ronde nommée *cercle* est circonscrite par une seule ligne nommée circonférence , tracée d'un seul point que l'on nomme centre.

POLYGONES.

Les *polygones* sont terminés par des lignes droites ; ils sont dits réguliers quand leurs diagonales les partagent en deux parties égales. Ils sont dits irréguliers comme en l'exemple figure 38.

Triangle équilatéral inscrit dans un cercle. Pour le faire , prenez le rayon a c, fig. 32 , portez-le six fois sur la circonférence en partant du point a , puis sautez-en un , vous aurez les trois points a , b , d , d'où vous tirerez les lignes qui donneront votre triangle, ou si la longueur d'un des côtés était donnée , soit a d , de ces points a et d , faites des arcs qui se couperont au point b ; de ces trois points tracez les lignes qui formeront le triangle équilatéral·

Le *carré* a ses quatre côtés et ses angles droits et égaux , pour le construire, a b , figure 33 , étant la longueur d'un côté du point a comme centre , tracez l'arc indéterminé b c , et du point b l'arc a d ; ces deux arcs se couperont au point e , divisez c b en deux au point f , reportez la distance e f , en e c , et en e d , vous aurez les quatre points pour former le carré.

Carré long. Faites un côté comme au carré parfait , ou faites un angle droit ou d'équerre , et portez parallèlement votre hauteur et largeur , figure 34.

Le *rombe* ou *losange*. Faites une perpendiculaire et y portez de part et d'autre la moitié de votre largeur et hauteur, de ces points tracez votre losange, fig. 35.

Tous les polygones réguliers inscrits dans un cercle dont les divisions proviendraient de quatre ou de six, se trouvent : les premières par les perpendiculaires, les deuxièmes par les rayons, les autres par le tatonnement comme le pentagone, fig 36.

L'*exagone*. Prenez le rayon a b, portez-le six fois sur la circonférence, vous aurez les points qui vous donneront les six côtés égaux, fig. 37.

Les figures à plus grand nombre de côtés se trouvent en subdivisant d'après le principe établi plus haut.

Les polygones irréguliers se partagent en triangles pour en avoir la forme et la superficie, soit pour y établir des constructions ou pour en avoir le toisé, etc. (Voyez la fig. 38.)

PLANCHE II.

Le cercle se trace sur le papier d'un tour de compas, sur le terrain on emploie le cordeau, et sur les corps solides, un compas à verge.

Trouver le centre d'un cercle ou d'un arc; marquez trois points à volonté, soit A B D, pl. 2, fig. 39, tracez des lignes de A en B et de B en D, élevez des perpendiculaires sur ces deux lignes, elles se couperont au point C, qui sera le centre de votre cercle ou arc.

Si l'on ne pouvait se servir d'un point de centre, ou qu'il soit inaccessible, fixez deux piquets ou autres, aux extrémités du diamètre A B, fig. 40, faites-y couler ou promener une équerre ou deux règles fixées d'équerre de A en B, ayant ajusté un crayon ou pointe à l'angle droit C; vous tracez la demi-circonférence A C B, puis retournez l'équerre et tracez l'autre moitié; le principe est que deux lignes, touchant les extrémités d'un diamètre et se joignant à la circonférence, formeront, dans toutes les positions, un angle droit C c c.

L'*ellipse* faussement nommée *ovale de jardinier*. Le grand diamètre A B, fig. 41, étant donné, divisez-le en trois parties égales, des points c et d tracez deux cercles, ils se couperont aux points e et f, qui seront les centres des arcs qui joindront les deux cercles et termineront l'ellipse, fig. 41.

Si les deux diamètres d'une ellipse étaient donnés, soit A B et C. D, fig. 42, prenez C e, moitié du petit diamètre; portez-la du point A sur la ligne A B en f, divisez f e en trois parties, puis portez-en une au-delà au point g et à même distance du centre de l'autre côté en h : ces points seront les centres des arcs extrêmes a A a et b B b, puis avec l'ouverture g h; et de ces points, comme centres, tracez les petits arcs qui vous donneront les points i et k, qui seront les centres des arcs a D b et a C b, qui se joignant avec les premiers passeront aux quatre points donnés A D B C et termineront l'ellipse.

L'ellipse, fig. 43, est la plus parfaite, elle est facile à tracer quand on peut fixer deux pointes ou jalons; les deux diamètres A B et C D étant donnés, prenez A e, moitié du grand diamètre et du point C, tracez l'arc qui coupera la ligne A B aux points f et g, auxquels vous enfoncerez des pointes ou piquets, passez-y une corde sans fin ou cordeau double de la longueur g A, passez dedans votre traçoir h et le faites couler en tendant toujours, il formera une ellipse.

L'*ovale* ou figure en forme d'œuf, fig. 44, ne s'emploie guère en architecture que pour les oves. Comme on peut lui donner plusieurs formes, nous ne précisons pas la manière de le tracer; toutefois, les points opposés doivent toujours être sur les mêmes parallèles, et les centres des arcs continus sur les mêmes lignes : exemple, a, centre de l'arc d e f; b, centre de l'arc f g (b et a centres sont sur la même droite que le point de contact de l'arc continu). Tirant une ligne de b en g, point où vous voulez que ce second arc s'arrête, cette ligne coupera la perpendiculaire ou diamétrale e h au point c, qui sera le centre de l'arc g h i et terminera l'ovale.

La *spirale* se trace en construisant à son centre une figure rectiligne dont on prolonge un bout de ligne à chacun de ses côtés; a, fig 45, est le centre de l'arc d e; b est le centre de l'arc e f; c de f g; d de g h; a de h i; b de i k, etc. Les centres des arcs qui se suivent sont toujours dans la même ligne, c'est le principe des volutes.

Scotie, tracé de celle selon Mauduit.

Ayant tiré la ligne horizontale B A, fig. 46, au tiers supérieur de la moulure en D, menez une parallèle à la première ligne de A, saillie supérieure de la moulure, abaissez une ligne d'aplomb qui tombera sur cette seconde ligne au point d, de ce point décrivez l'arc A D, faites D e d'un quart plus grand que D d, du point e, décrivez l'arc D E, faites E f d'un tiers plus que E e; on portera la longueur E f sur une perpendiculaire qui aura été élevée du point G en g, des points g et f faites un perpendiculaire qui rencontrera la précédente au point H, menez H f indéterminée, f sera le centre de l'arc E F, et H de E G; si par la saillie donnée de la moulure l'on n'arrivait pas, il faudrait raccourcir les rayons des arcs D E et E F.

Scotie de Vignole, fig. 47, tirez une ligne horizontale à la moitié de la hauteur de la moulure, abaissez d'aplomb la saillie A, elle touchera la première ligne au point a, qui sera le centre de l'arc A B, du point B, à la saillie C, du filet, menez une ligne sur laquelle vous élèverez une perpendiculaire qui coupera votre première ligne horizontale au point b, qui sera le centre de l'arc B c C, qui terminera la scotie. Cette scotie ne convient guère que dans les intérieurs; l'angle C, qu'elle forme, étant très-aigu serait bientôt épaufré, et le canal C c qu'elle forme au pourtour de la base la détériorerait bientôt.

Tracé d'une scotie plus en usage. La hauteur de la moulure, fig. 48, étant de trois parties, la saillie du filet inférieur B a une partie trois quarts en plus de la saillie supérieure A; du point C à une partie de la hauteur, tracez une ligne horizontale indéterminée, abaissez de A une ligne d'aplomb qui touchera la première ligne au point a, qui sera le centre de l'arc A C; faites C b d'une partie et demie ou la moitié de la hauteur de la moulure de ce point b, faites l'arc C D, élevez du point B une perpendiculaire jusqu'au prolongement de la ligne supérieure de la moulure en c, de ce point menez une ligne qui, passant par le point b, donnera la rencontre D des deux arcs ; c est le centre de l'arc D B qui termine la moulure.

Arcs continus. D'après le principe établi ci-dessus, fig. 44, on peut tracer au compas toutes sortes de courbes, les opérations sont indiquées par des lignes ponctuées. (Voyez la fig. 49.)

Diviser une ligne d'une longueur donnée sans tatonnement (extrêmement utile pour les modillons et denticules). Exemple : soit la longueur A B, fig. 50, à diviser en dix parties égales ; du point A, tracez une ligne à volonté indéterminée, soit A C, ouvrez le compas à volonté ; portez cette ouverture dix fois sur cette dernière ligne, soit a, le point d'arrivée, de ce point abaissez une ligne en B, mettez-y des parallèles d'après tous vos points b d f, etc. Ces parallèles vous donneront sur la ligne à diviser les points c e g, etc. A B se trouvera divisé en dix parties égales ou en onze points.

Si vous avez des petites parties à diviser sur une échelle A B, fig. 51, soit en 18, élevez du point A une perpendiculaire indéterminée, portez sur cette ligne dix-huit mesures à volonté qui arriveront, soit en C ; de tous ces points menez des parallèles à a A B, du point B distant de A d'un entier ou module, menez la diagonale B C, toutes vos petites parties s'y trouveront divisées à partir de la ligne d'aplomb C A. Exemple : soit à prendre 2 modules 6 parties, posez une pointe de compas sur la verticale 2, des modules et sur l'horizontale à 6 parties, ouvrez l'autre pointe en suivant la même horizontale jusqu'à la diagonale au point b, qui sera la mesure demandée. Soit 3 modules 15 parties, prenez de la ligne 3 des modules sur l'horizontale 15 des parties jusqu'à la diagonale au point c, etc.

Faire un triangle semblable à celui a b c, fig. 52, dont la base a b ou longueur A B, soit réduite à celle D E ; portez cette longueur sur la base du grand triangle de b en d, de ce point d menez une parallèle à a c, elle viendra au point e et donnera votre triangle semblable, et ses trois côtés seront réduits dans les mêmes proportions. Cette figure est un angle de réduction, et sert à réduire ou augmenter toute figure ou dessin en conservant leurs mêmes proportions. Exemple : ayant tiré une ligne indéterminée, prenez une des grandes mesures du dessin, soit b a ; du point b, tracez l'arc indéterminé, a f, portez sur cet arc la longueur a c, à laquelle vous voulez que celle b a soit réduite, du point c menez une ligne au point b, c'est sur cette ligne que vous trouverez toutes vos mesures réduites ; donc la longueur a b ayant été réduite en a c, b d se trouvera réduite en même raison en d c ; opérez de même pour tous les points dont vous aurez besoin.

Proportions des frontons ou leurs tracés géométriques. De la plus grande saillie A B, fig. 53, faites le triangle équilatéral A B C ; du point C tracez l'arc A D B, le milieu de l'arc D sera le sommet du fronton.

Fronton plus élevé, fig. 54. Du milieu A, des plus grandes saillies B D, tracez le demi-cercle B C D, du point C aplomb de A tracez l'arc B E D, donc E sera le sommet du fronton.

DES SOLIDES.

Le *carré cubique*, fig. 55, a trois dimensions, longueur, largeur et épaisseur, et a six faces carrées semblables.

La *sphère* a la forme d'une boule, fig. 56, sa surface extérieure A se nomme convexe; si elle était creuse, sa surface intérieure B se nommerait concave, comme l'intérieur d'une voûte.

Le *cylindre*, fig. 57, a pour base un cercle qui, en s'élevant, fait le corps solide que l'on nomme cylindre; c'est la partie inférieure d'une colonne.

Le *cône*, fig. 58, a pour base un cercle qui, en s'élevant, se diminue jusqu'à un seul point nommé sommet, où tendent toutes les lignes menées de sa base; quand une partie supérieure en est retranchée, il prend le nom de cône tronqué; c'est la forme de la partie supérieure d'une colonne.

Le *prisme* est un solide qui a pour base un polygone quelconque, dont tous les angles s'élevant perpendiculairement forment le prisme triangulaire, fig. 59, le prisme quadrangulaire, fig. 60, etc.

Les *pyramides* ont des bases comme nous avons dit pour les prismes, et n'en diffèrent qu'en ce que leurs angles tendent en un seul point nommé sommet, fig. 61.

PLANCHE III.

Tracé des moulures employées dans les ordres d'architecture avec les divers ornements qui peuvent s'adapter à chacune d'elles; les variétés de leurs ornements sont séparées par des lignes ponctuées d'après ce que nous avons décrit précédemment. Les lignes ponctuées indiquent assez la manière de tracer leurs profils.

Le *filet*, *listel* ou *réglet* sert presque toujours à couronner les moulures.

La *baguette* s'orne en perles longues et rondes que l'on nomme chapelet a, ou de toutes rondes c nommées perles, de longues et de méplates nommées olives et amandes, b.

Le *cavet* s'orne de roses ou rosaces avec culots plus ou moins riches.

Le *quart de rond* en oves avec enveloppes ou coques et dards a, avec nervures et fleurons b, ou ornées et avec fleurons c.

Le *tore* en feuilles d'olivier a, de chêne, etc.

Le *talon*, deux exemples de profil; A est plus senti, B plus méplat. Le talon s'orne en raies de cœur a, en arceaux avec fleurons b; en arceaux à fleurons et palmettes c, et en feuilles d'acanthe et feuilles d'eau d.

La *doucine* ou *cymaise*, deux exemples de profils; celui A a plus de relief, et celui B est plus allongé : elle s'orne en feuilles d'acanthe avec canaux, a, ou feuilles de persil avec palmettes b.

Doucine renversée s'orne avec feuilles d'acanthe ou de persil entrecoupées de canaux ; fleurons et feuilles d'eau , n° I.

Larmier , A , soffite ou plafond , a canal , b mouchette ; c congé.

Doucine refouillée formant mouchette ou revers d'eau , a.

Scotie (voyez les diverses manières de les tracer, pl. 2. fig. 46, 47 et 48) s'orne de ninceaux d'ornement avec grands fleurons et palmettes a ; ou entrelacs à palmettes roses et culots , b.

Postes avec bandeau à festons a , ou ornés avec roses et fleurons b. Il convient de mettre une palmette au milieu pour remplacer le vide, quand l'ornement n'est pas courant.

Modillon : les lignes ponctuées indiquent son tracé ; voyez le principe, pl. 2, fig. 45 et 49 ; on l'orne de , a, talon taillé en rais de cœur , b coussinet taillé en feuilles d'eau ou autres, c , grande feuille d'olivier , d grand enroulement ou volute , e petit.

Grecque , bâtons rompus ou guillochis de diverses sortes a , b , c , d , e.

Entrelacs s'emploie aux soffites des plates-bandes ainsi que les grecques , a , simples , b fleuronnées.

Rosace. Il y en a un grand nombre de variétés.

Moulures grecques du grand temple de Pœstum. Fig. 1re , astragale de la colonne , formé de trois rainures en grains d'orge , ce qui fait beaucoup d'effet avec les cannelures, par un moyen simple. Fig. 2 , les filets de chapiteau. Fig. 3, la grande moulure ou quart de rond dont nous donnons exactement le tracé au dixième de l'exécution d'après le moulé sur nature par C. M. Delagardatte. La saillie B c a 47 centimètres , la hauteur A B de la moulure a 31 centimètres, la partie inférieure de la moulure est une ligne droite inclinée de 59 degrés 6 minutes de la ligne d'aplomb et a 41 centimètres de long de A à D ; la partie suivante D E est droite et dans son prolongement a un centimètre de distance du point A, et a 11 centimètres et demi de long en E ; de ce point, élevez une perpendiculaire à E D, sur laquelle vous porterez 47 centimètres et demi en a , qui sera le centre de l'arc E e, auquel vous donnerez 7 centimètres et demi de long à e ; menez de e une ligne en a , sur laquelle vous porterez 16 centimètres et demi qui vous donnera le point b , qui sera le centre de l'arc e f , que vous ferez de 5 centimètres et demi de long , tirez la ligne f b, du point f, portez 9 centimètres en h , centre de l'arc f g ; de ce point h, menez une parallèle qui joindra ce dernier arc en g ; le milieu i de la ligne g h sera le centre de l'arc qui terminera la moulure.

Proportions pour établir tous les ordres de Vignole , avec ou sans piédestaux , fig. 4 , pour l'ordre parfait , ou avec piédestal ; divisez toute votre hauteur en 19 parties égales ; 4 en bas seront pour le piédestal , et 3 en haut pour l'entablement , il en reste 12 pour la colonne ; lesquelles seront divisées en sept pour l'ordre toscan , en huit pour le dorique , en neuf pour le ionique et en dix pour les corinthien et composite, ce qui donnera le diamètre des colonnes , qui égale toujours deux modules , d'après lesquels vous établirez vos échelles. Si l'ordre à faire était sans piédestal , divisez la hauteur en 15 parties, dont 3 seront pour l'entablement, le reste comme ci-dessus.

PLANCHE IV.

Elle représente les cinq ordres de Vignole sur un même diamètre, ainsi que le grand temple de Pæstum, pour en donner comparativement leurs proportions.

IMPOSTES ET ARCHIVOLTES DES CINQ ORDRES D'ARCHITECTURE.

Les impostes et archivoltes ont toujours un module dans les portiques avec piédestaux, mais dans les portiques sans piédestaux, où l'alette n'a qu'un demi-module, l'archivolte est réglée d'après cette mesure ; alors on en supprime une face, on en retranche quelques détails dans les moulures ; les lignes ponctuées a a sont aplomb de la grosseur inférieure de la colonne, ce qui, par sa diminution, en détache la moulure supérieure de l'archivolte ; les lignes b aplomb de l'alette en donnent la naissance, c, ligne de la colonne dans le cours de la diminution.

ORDRE TOSCAN.

Quoique l'antiquité ne nous en ait pas laissé de monuments entiers, quelques anciens architectes en ont trouvé des fragments dans diverses contrées et en ont composé un ordre, ainsi que J. B. de Vignole que nous suivons.

Pour construire un ordre, il faut une échelle d'un nombre de mesures nommées modules, c'est un terme de convention, il se divise en 12 parties pour les ordres toscan et dorique, et en 18 pour les autres ordres ; il sert à établir les proportions des ordres d'architecture.

PLANCHE V.

BASE ET PIÉDESTAL TOSCAN.

Faites d'abord une ligne de terre a b sur laquelle vous voulez établir votre piédestal ; d'un point c, sur cette ligne, élevez une perpendiculaire ou l'axe du piédestal, pl. 1re, fig. 7 ; divisez votre hauteur en six ou sept, suivant ce que vous voulez avoir de fût de colonne ; cette mesure sera votre module dont vous en porterez plusieurs sur une ligne disposée pour l'échelle, vous en diviserez un en douze parties. Prenez dessus 4 modules 8 parties pour la hauteur de votre piédestal, mettez un module au-dessus pour la hauteur de la base de la colonne, et un demi-module en contrebas pour la corniche du piédestal, et aussi au-dessus de la ligne de terre pour la hauteur de sa base ; établissez la largeur du dé de 16 parties et demie des deux côtés de l'axe , ce qui sera aussi la largeur du socle de la base , puis la grosseur du diamètre inférieur de la colonne qui est toujours d'un module de chaque côté de l'axe dans tous les ordres. Faites les lignes de vos moulures d'après les côtés en prenant toujours par masses; puis vous les détaillerez , ensuite profilez , d'après les opérations , voyez pl. 3 ; quand le dessin est petit, il vaut mieux les faire à la main.

RENVOI.

PIÉDESTAL.

A socle.	E réglet.
B filet.	e projection de la corniche du piédestal vue
C dé.	par-dessous.
D talon.	

BASE DE LA COLONNE.

F socle.	I congé.
G tore.	K vif de la colonne.
H ceinture ou filet.	

Nota. Les petites lettres dans les plans correspondent aux capitales de l'élévation.

PLANCHE VI.

CHAPITEAU ET ENTABLEMENT TOSCANS.

Pour le dessiner ; opérez comme à la planche précédente , commencez par tirer la ligne du sommet de la corniche , abaissez une perpendiculaire, pl. 1re , fig. 17 , qui sera l'axe. Divisez votre hauteur totale , suivant le principe de la planche 5 , établissez votre hauteur d'entablement , etc.

Si vous dessinez les plafonds , il faut les ajouter en plus dans votre division du papier. Le plafond du chapiteau est vu en-dessous de la colonne coupée à sa partie supérieure.

Le plafond de l'entablement est vu du nu de l'architrave , et le plafond de l'angle de la corniche est vu de la coupe faite dans la frise; les nus sont toujours d'aplomb de la partie supérieure de la colonne.

RENVOI.

COLONNE.

A fût.
B filet ou ceinture avec congé.
C baguette ou astragale.

CHAPITEAU.

D gorgerin.	F quart de rond échine ou ove.
E filet ou anneau.	G tailloir ou abaque.
	H listel.

ENTABLEMENT.

ARCHITRAVE.

I face.
K listel.

L frise.

CORNICHE.

M talon.
N filet.
O larmier.

P filet.
Q baguette.
R quart de rond.
S nu du mur.

Nota. Dans l'exécution à l'extérieur on met des revers d'eau à toutes les saillies.

PLANCHE VII.

ENTRE-COLONNE TOSCAN.

Pour établir un ordre sans piédestal, voyez pl. 3, fig. 4, divisez toute votre hauteur en cinq, un cinquième sera pour l'entablement; les quatre cinquièmes restant seront pour vos colonnes, qui, divisées en sept pour l'ordre toscan, donneront le diamètre inférieur de la colonne, lequel est toujours de deux modules, et d'après lesquels on construit les échelles; donc cet ordre sans piédestal aura 17 modules et demi de hauteur. Etablissez vos axes de colonnes distants de 6 modules deux tiers, puis la hauteur de l'entablement, vos bases et chapiteaux. Pour le fût de la colonne, divisez la hauteur du fût a, en trois parties, dont celle du bas, a b, est cylindrique et les deux tiers restant pour la partie c d du haut est conique.

Pour les *moulures* et leurs *profils*, etc., voyez les planches 5 et 6; leur tracé est à la planche 3; les lignes ponctuées indiquent les rabaissements des saillies des moulures pour construire les plans et plafonds.

RENVOI.

COLONNE.

A base.
B fût de la colonne.
C chapiteau.
D vide de l'entrecolonne.
e partie cylindrique du fût.
f partie conique.

ENTABLEMENT.

G architrave.
H frise.
I corniche.
K nu du mur.
L soffite ou plafond de l'architrave.

PLANCHE VIII.

PORTIQUE TOSCAN SANS PIÉDESTAL.

Faites votre échelle comme à la planche précédente, ayant élevé une perpendiculaire au milieu de la ligne de terre, elle sera le milieu du portique; portez-y des deux côtés 4 modules trois quarts, ce sera les axes de vos colonnes; donnez aux alettes un demi-module, il restera pour le vide de l'arcade 6 modules et demi sur 13 modules que vous marquerez pour la hauteur de l'arc sous la clef; faites vos impostes à 4 modules un quart en contrebas du dessous de l'architrave, voyez pl. 4, établissez toutes vos hauteurs comme à la planche précédente ou d'après les côtes, si vous voulez faire le plan, abaissez vos lignes de l'élévation, engagez votre colonne d'un tiers de sa grosseur inférieure dans le pillier, etc.

Les pilastres saillent du mur d'un sixième de la largeur.

RENVOI.

A pilier ou jambage dans lequel la colonne est engagée de 1|3.
B tableau ou épaisseur du mur.
C vide ou largeur de l'arcade.
D alette.
E imposte.

F arc.
G claveaux ou voussoir en joint d'appareil.
H clef.
I entablement.
K nu du mur.

Nota. Pour les portiques avec piédestaux qui ne diffèrent que par la proportion des arcades, on les a réunis dans la pl. 29.

ORDRE DORIQUE. [1]

PLANCHE IX.

PIÉDESTAL ET BASE DORIQUES.

Opérez de même que pour le piédestal toscan et construisez d'après les côtes.

Le fût de la colonne a vingt cannelures à vives arêtes, les lignes ponctuées du plan donnent la manière de les projeter sur le fût de la colonne; la fig. 1 indique les ornements qui conviennent au chapiteau de l'ordre et le moyen de trouver avec son plan, fig. 2, le raccourci des oves; les fig. 3 et 4 donnent le tracé des cannelures de deux manières.

RENVOI.

A premier socle.
B deuxième socle ou plinthe.

C talon renversé.

Les noms des autres moulures sont à la planche 3.

PLANCHE X.

CHAPITEAU ET ENTABLEMENT DORIQUES MUTULAIRES.

Opérez comme à l'ordre toscan et abaissez les lignes de l'élévation pour construire le

[1] C'est un des plus beaux ordres de Vignole.

plafond ; un côté est coupé à la partie supérieure de la colonne et l'autre côté est vu du dessous de l'architrave.

Nota. Ayant donné dans les premières planches les noms des moulures, nous nous en abstiendrons ici. Il ne faut pas passer à une planche sans bien connaître celles qui les précèdent.

RENVOI.

ARCHITRAVE.

A petite face.
B grande face.
C gouttes.
D filet des gouttes.
E bandelettes.
F triglyphe.
G côtes.
H canaux dont l'aplomb des arêtes fait le milieu des gouttes.

CORNICHE.

I chapiteau des triglypes.
K mutules ou modillon.
L profil des mutules.
M revers d'eau ou canal.
N gouttes sous le mutule.
O cymaise ou doucine.
P nu du mur.

PLANCHE XI.

ENTRE-COLONNE DORIQUE.

Pour construire cet ordre sans piédestal, voyez le principe, pl. 3, fig. 4, ou ce que nous avons dit pour l'entre-colonne toscan, pl. 7. Ce qui restera pour la colonne sera divisé pour cet ordre dorique en huit, ce qui donnera le diamètre des colonnes et les deux modules pour faire l'échelle sur laquelle vous trouverez 20 modules pour la hauteur totale ; faites vos axes de colonnes distants de 7 modules et demi, il restera 5 modules et demi pour le vide au vif des colonnes. Établissez vos masses d'après les côtes, et les détails d'après les planches précédentes (le tracé des moulures est à la pl. 3); pour les triglyphes et mutules, portez de chaque côté des axes un demi-module, divisez du bord d'un triglyphe au même bord de l'autre en trois, faites de même à l'autre bord, vous aurez tous les points de vos triglyphes et métopes.

PLANCHE XII.

PORTIQUE DORIQUE SANS PIÉDESTAL.

Établissez toutes vos hauteurs comme à la planche précédente, faites vos axes de colonnes à 10 modules de distance, il restera 7 modules pour le vide des portes, sur 14 sous clef, portez 5 modules et demi du dessous de l'architrave pour avoir le dessus de l'imposte qui a toujours un module ; voyez l'explication du la pl. 4 pour les impostes et archivoltes ; consultez (pour les détails , etc. ,) les planches précédentes.

Nota. Les portiques avec piédestaux sont à la planche 29.

PLANCHE XIII.

CHAPITEAU ET ENTABLEMENT DORIQUES DENTICULAIRES.

Vignole ayant donné deux exemples de chapiteaux et entablements doriques , nous donnons dans cette planche seulement ce qui diffère de celui ci-devant décrit , tout le reste étant semblable.

Nous donnons aussi avec la corniche de Vignole un exemple plus simple exécuté à la Sorbonne.

Les lignes ponctuées indiquent la manière de faire les plafonds.

Au chapiteau , il y a trois bandelettes à l'imitation des ordres grecs.

RENVOI.

DE L'ENTABLEMENT.	DU PLAFOND.
A face ou nu du mur.	a bec.
B bandelette.	b canal.
C triglyphes.	c caissons ornés de rosaces et ornements,
D frise.	d gouttes carrées.
E chapiteau des triglyphes.	e canal.
F. talon.	f bec ou mouchette.
G denticules.	g denticules.
H fond de denticules.	h fond des denticules.
I filet de denticules.	
K larmier.	
L talon.	
M cavet.	
N réglet.	
O nu du mur.	

ORDRE IONIQUE.

PLANCHE XIV.

PIÉDESTAL ET BASE IONIQUES.

Par le plan de la base , on voit que le fût de la colonne a 24 cannelures avec côtes et sont creusées en demi-cercle.

On a mis sur cette planche la base de Vignole, fig. 1, et comparativement la base attique, fig. 2, que nous adoptons comme étant plus en usage pour les trois derniers ordres. Voyez pour la scotie les raisons que nous avons données plus haut, pl. 2, fig. 47 et 48.

Pour profiler les moulures, voyez la pl. 3.

RENVOI.

A plinthe ou socle.	F quart de rond.
B filet.	G larmier.
C doucine renversée.	H talon.
D baguette.	
E dé.	

BASE DE LA COLONNE.

FIG. 1.	FIG. 2.
I socle.	P socle.
K scotie. (Pl. 2, fig. 46).	Q gros tore.
L baguettes.	R scotie. (Pl. 2, ligne 48.)
M scotie. (Pl. 2, fig. 48).	S petit tore.
N gros tore.	T ceinture.
O ceinture ou filet.	

Nota. Le module pour cet ordre et les suivants se divise en 18 parties. (Voyez pl. 2, fig. 51).

PLANCHE XV.

CHAPITEAU IONIQUE MODERNE OU A QUATRE FACES, ET TRACÉ DE LA VOLUTE DE VIGNOLE.

Ce chapiteau est peu en usage, quoique souvent on mette une de ses volutes dans les angles extérieurs d'un monument d'ordre ionique antique.

Ayant fait les moulures d'après les côtes ainsi que le plafond ou plan de projection, portez du centre C sur les deux diagonales un module, 16 parties aux points A et B, faites les petites lignes a b et c d d'après les côtes; avec l'ouverture A B, faites un triangle équilatéral dont le sommet arrivera au point D; de ce point comme centre, tracez b c, bord circulaire de la moulure du tailloir, pour les volutes; comme elles sont vues obliquement, leurs largeurs doivent être raccourcies, pour rendre ce raccourci, tracez sur le plan la ligne e f obliquité de la volute, prolongez à l'élévation la ligne E, sommet des volutes, tracez-en une géométralement, fig. 3, comme il est décrit ci-après, fig. 1 et 2, elle vous donnera vos hauteurs, portez toutes vos largeurs 1 m., etc., en e f, etc., et reportez-les de l'autre côté sur les lignes g h et i k, élevez-les sur l'horizontale n o de l'élévation, ces points donneront les largeurs. Les lignes ponctuées indiquent les opérations.

Ce tracé servira d'exemple pour les corinthien et composite.

TRACÉ DE LA VOLUTE DE VIGNOLE.

Le principe est établi, pl. 2, fig. 44 et 45. Du point A, fig. 1, abaissez une ligne d'a-plomb nommée cathète, portez sur cette ligne 9 parties en contrebas pour avoir le point C, centre de l'œil ; de ce point, faites un cercle d'une partie de rayon, la hauteur de la volute étant de 16 parties il restera 6 parties en contrebas ; inscrivez dans l'œil de la volute, fig. 2, le carré a b c d, divisez chaque côté en deux, et des points 1, 2, 3, 4, tirez des lignes que vous diviserez en trois jusqu'au centre C ; du point 1, ouvrez le compas jusqu'en e, tracez l'arc e f ; du point 2, tracez l'arc f g ; du point 3, tracez g h ; du point 4, tracez h i, menez une ligne du point 4 au point 5, jusqu'à ce qu'elle coupe cet arc en i, point de jonction avec l'arc suivant ; du point 5, faites l'arc i k, etc., continuez jusqu'à ce que vous soyez arrivé au point, pour l'épaisseur du listel, faites une seconde révolution en mettant le quart de la distance d'un point de centre 1 à l'autre 5, viendra le point 13, qui sera le centre du premier arc de la seconde révolution, et opérez comme ci-dessus en suivant l'ordre des numéros.

PLANCHE XVI.

CHAPITEAU ET ENTABLEMENT IONIQUES.

Les volutes du chapiteau sont construites comme il est décrit pl. 15.

On a mis un chapiteau de profil avec son plafond pour faire voir la position des coussinets marqués en lignes ponctuées à l'élévation.

Les lignes ponctuées de l'élévation donnent la construction des plafonds et le relevé des oves, etc.

On a mis à l'entablement des ornements qui sont adaptés à chaque moulure.

PLANCHE XVII.

ENTRE-COLONNE IONIQUE SANS PIÉDESTAL.

Cet entre-colonne a 22 modules et demi de hauteur et 6 modules et demi d'axe en axe.

Etablissez comme aux planches précédentes, pour la division des denticules, voyez la pl. 2, fig. 50.

PLANCHE XVIII.

PORTIQUE IONIQUE SANS PIÉDESTAL.

La hauteur totale est de 22 modules et demi, la distance d'axe en axe est de 11 modules et demi.

La hauteur du vide sous clef est de 17 modules , sa largeur est de 8 modules et demi.
Etablissez d'après les côtes et les planches précédentes.
Les impostes sont à la planche 4.
Le principe pour diviser les denticules est à la planche 2 , fig. 50.
Les portiques avec piédestaux sont à la planche 29.

ORDRE CORINTHIEN.

PLANCHE XIX.

PIÉDESTAL CORINTHIEN.

Le piédestal a 6 modules 2 tiers , ou le tiers de la hauteur de la colonne , qui est de 20 modules pour les deux derniers ordres.
On a substitué la base attique à celle de Vignole , que nous donnons à la planche suivante , par les raisons déjà déduites à la planche 14.
On a donné les plans et plafonds du piédestal et de la base.
La colonne est cannelée comme celle de l'ordre ionique. On a indiqué les ornements qui conviennent aux moulures ; leurs noms sont à la pl. 3.

PLANCHE XX.

CHAPITEAU CORINTHIEN VU SUR L'ANGLE, ET BASE CORINTHIENNE DE VIGNOLE.

Après avoir tracé toutes les lignes horizontales de l'élévation d'après les côtes , faites le plan en traçant d'abord un carré de 4 modules d'angle en angle , de chacun de ces angles , faites des triangles équilatéraux qui vous donneront à leur sommet les points D E , etc., qui seront les centres pour tracer les moulures de l'abaque (ou tailloir) en partant des profils des angles a a , b b , faits d'après les côtes.
Du centre C tracez tous les cercles de vos saillies suivant les côtes , et aussi élevez les différentes parties du plan pour les avoir à l'élévation.
Le plafond (ou plan de projection) est représenté en quatre parties pour faire voir les coupes à différentes hauteurs , afin d'éviter les confusions.
Le côté A de l'élévation est le principe de Vignole , mais plusieurs architectes ayant reconnu que les grandes feuilles devenaient trop saillantes , l'ont modifié comme le côté B.
Les lignes ponctuées indiquent assez les opérations.

RENVOI.

C centre de la colonne.
D et E point de centre des arcs de l'abaque.
F plafond coupé au haut de la colonne.
G plafond coupé au bas des feuilles.
H coupé au bas des caulicoles.
I coupé à la naissance des volutes.
K fleuron.
L grandes volutes.

M petites volutes.
N caulicoles et ses tigettes.
O abaque ou tailloir.
P bord du vase.
Q astragale.
R grandes feuilles.
S petites feuilles.
T vase.

PLANCHE XXI.

CHAPITEAU ET ENTABLEMENT CORINTHIENS.

Le plafond est construit d'après les lignes ponctuées abaissées de l'élévation.

Il faut faire le chapiteau et son plafond d'après ce qui a été dit pour le chapiteau vu sur l'angle, pl. 20, c'est pour qu'on y ait recours, que nous n'avons pas mis ici les cotes des saillies.

La manière de tracer les modillons est à la planche 3.

RENVOI.

A quart du chapiteau coupé à la naissance des feuilles.
B quart du chapiteau coupé à la partie supérieure de la colonne.
C plafond de l'entablement vu du dessous de l'architrave.
D plafond de la corniche coupé au droit de la frise.
E feuilles en galbe.
F feuilles massées.
G feuilles d'olivier détaillées.

H caulicoles.
I grandes volutes.
K petites volutes.
L vase.
M bord ou lèvre du vase.
N abaque ou tailloir.
O fleuron ou rose.
P modillon de face.
Q modillon de profil.
R bande ou fond des modillons.

PLANCHE XXII.

ENTRE-COLONNE CORINTHIEN.

Établissez, d'après les cotes, et pour les détails, voyez les planches précédentes.

Pour les chapiteaux, faites un plan d'après votre échelle, et, suivant le principe donné à la planche 20, élevez ensuite vos points pour avoir l'élévation, comme il est indiqué en A et B.

4

PLANCHE XXIII.

Établissez toujours d'après les cotes et pour les détails comme aux planches précédentes.

Nous avons engagé ici nos colonnes moins du tiers dans les piliers, afin de donner plus d'élégance à ces ordres riches.

Les pilastres saillent toujours d'un sixième sur les murs.

Les portiques avec piédestaux sont à la planche 29.

ORDRE COMPOSITE.

PLANCHE XXIV.

PIÉDESTAL ET BASE COMPOSITES.

En suivant le principe que nous avons adopté, et d'après les raisons que nous en avons données, pl. 14, nous avons substitué la base attique à celle de Vignole, qui est représentée ici en grand, afin de ne rien omettre et d'en donner tous les détails.

RENVOI.

A plan de la base du piédestal.   C base de vignole.
B plafond de la corniche du piédestal.   D base attique.

PLANCHE XXV.

CHAPITEAU COMPOSITE VU SUR L'ANGLE

Le principe du tracé de ce chapiteau est le même que celui du corinthien, planche 20.

La manière de faire les volutes a été déjà décrite à la planche 15.

Ce chapiteau est orné de feuilles d'acanthe, et pour leur saillie voir ce qui est dit à la planche 20.

Quoique nous ayons donné la manière de tracer la volute de Vignole, nous allons aussi donner celle suivant Daviler.

Ayant abaissé la cathète A B, fig. 1re, portez de A 9 parties en contre-bas, ce qui donnera le point C, centre de l'œil de la volute ; il restera 7 parties de C en B, ce qui complétera la hauteur de la volute qui est de 16 parties.

Du point C tirez l'horizontale D E, tirez aussi du même point des diagonales (pl. 1re, fig. 22) ce qui vous donnera huit rayons à partir du centre de l'œil de la volute. Construisez à part, fig. 2, un triangle rectangle (pl. 1re, fig. 28) auquel vous donnerez 9 parties de haut et 7 de base; de ces deux points menez une ligne; du point B de l'ouverture B C, tracez l'arc C D que vous diviserez en sept parties égales, dont une sera pour l'œil de la volute; subdivisez les six autres, chacune en quatre, et du point B menez des lignes à tous ces points jusqu'à ce qu'elles rencontrent la perpendiculaire A C, ce qui donnera 25 points jusqu'à l'œil de la volute. Du centre C, fig. 1re, portez tous ces points sur les rayons déjà tracés, vous aurez les points où doit passer la spirale ou volute.

Pour la tracer, du point A, fig. 1re, avec l'ouverture A C, tracez un petit arc, et avec la même ouverture du point 2 de la diagonale, marquez un point sur ce petit arc, ce point sera le centre de la portion de spirale 1, 2; puis du point 2 et de l'ouverture 2, C, tracez un autre petit arc, et avec la même couverture du point 3, marquez sur ce second petit arc le point qui sera le centre de la portion continue 2, 3, opérez de même sur tous les points jusqu'au 25e qui touchera l'œil de la volute.

Pour tracer la seconde révolution qui forme le listel, divisez son épaisseur A a en 24, portez-en 23 au-dessous du point 2 de la diagonale, 22 de même au point 3, etc., et jusqu'au 25e qui sera o et terminera la volute, ayant opéré comme à la première révolution.

Ou prenez la distance C a, fig. 1re, et portez-la en C, fig. 2, de manière à vous donner le point a sur la ligne A B, menez une ligne de a en C sur laquelle vous trouverez tous vos points, comme vous les avez trouvés sur la ligne A C pour la première révolution, et opérez de même.

PLANCHE XXVI.

CHAPITEAU ET ENTABLEMENT COMPOSITES.

Construisez le chapiteau comme nous l'avons indiqué dans la planche précédente, et aussi d'après les principes décrits aux planches 15 et 20.

Les lignes ponctuées indiquent aussi les opérations.

Le chapiteau est orné de feuilles d'acanthe.

Les moulures ont les ornements qui conviennent à cet ordre.

RENVOI.

A plafond du chapiteau à la naissance des feuilles.

B plafond du chapiteau coupé au haut de la colonne.

C plafond de l'entablement, vu du dessous du soffite.

D plafond de la corniche.

PLANCHE XXVII.

ENTRE-COLONNE COMPOSITE.

La colonne a, comme à l'ordre corinthien, 10 diamètres ou 20 modules; l'entablement étant du quart, fait 25 modules pour la hauteur totale.

Construisez comme à l'ordre corinthien, et les détails d'après les planches précédentes.

Les chapiteaux d'après le tracé A B.

PLANCHE XXVIII.

PORTIQUE COMPOSITE SANS PIÉDESTAL.

Ce portique est représenté ici avec retour d'angle.

Cet exemple ne s'emploie guère qu'au pavillon d'un grand édifice ; c'est pour cette raison que l'on a supprimé ici les pilastres intérieurs, on les met quand l'ordre est complet, c'est-à-dire avec piédestal.

On a engagé les colonnes moins du tiers par les raisons que nous avons déjà données à l'ordre corinthien.

Les lignes ponctuées au plan indiquent la saillie de la corniche avec ses ressauts.

PLANCHE XXIX.

PORTIQUES DES ORDRES AVEC PIÉDESTAUX.

Comme les portiques avec piédestaux ne diffèrent des autres que par leurs proportions générales, afin de ne pas faire de double emploi, nous les avons réunis dans un même cadre.

A l'ordre toscan on a mis la coupe verticale du portique, prise au sommet de l'arcade, avec son plan dessous, dans la même position.

Les alettes de ces portiques ont un module, excepté à l'ordre dorique où elles ont un module et demi, afin d'avoir un nombre juste de triglyphes. Les impostes et archivoltes sont à la pl. 4.

Les proportions des ordres corinthien et composite étant semblables, cet exemple sert pour les deux.

Tout ce qui n'est pas donné ici se trouve dans les planches précédentes.

Quand on élève plusieurs ordres les uns sur les autres, les axes des colonnes doivent être communs, c'est-à-dire d'aplomb du haut en bas, et comme on doit mettre les ordres plus mâles par le bas, il s'en suit que les colonnes du bas étant engagées d'un tiers, celles au-dessus doivent presque toucher le nu du mur, et celles supérieures, leurs bases devront presque toucher le nu du mur.

PLANCHE XXX.

CHAPITEAU ET ENTABLEMENT DU GRAND TEMPLE DE POESTUM.

Nous avons donné cet exemple de préférence aux beaux temples de Thésée, du Parthénon, etc., parce qu'étant le plus mâle, il peut être employé aux édifices qui exigent de la sévérité.

Ayant pris pour base de proportion le diamètre inférieur de la colonne, voyez pl 4, nous donnons aussi à celui-ci deux modules, nous les divisons en 20 parties.

La circonférence de la colonne a 24 cannelures à vives arrêtes, dont on a fait ici le plan d'une en grand, pour faire voir le tracé de son refouillement, a a, partie inférieure de la circonférence de la colonne, b b sa partie supérieure.

Aux ordres grecs et aux doriques antiques, les colonnes posent sur des degrés n'ayant ni base ni piédestal.

Tous les entre-colonnes de ce temple ne sont pas égaux, celui du milieu à 4 modules un tiers.

Le tracé de la grande moulure du chapiteau et les autres moulures sont en grand à la planche 3.

RENVOI.

A coupes sur les lignes c d de l'élévation et e f du plafond.

B plafond de l'entablement coupé au milieu de la frise.

C plafond coupé au milieu de l'architrave pour faire voir la disposition des gouttes.

D bas de la colonne qui est conique et posée sur trois degrés.

E degrés.

PLANCHE XXXI.

COLONNE TORSE ET DES ANTES OU PILASTRES.

Pour tracer une colonne torse, dessinez à côté une colonne lisse d'une proportion corinthienne, dont vous divisez le fût en 48 parties; de tous points menez des horizontales indéterminées à la colonne que vous voulez dessiner, tirez-en la ligne de milieu faite dessous le plan de la base, tirez l'horizontale qui passe par son centre et aussi les deux diagonales des angles du socle; tracez un petit cercle au milieu dont le diamètre soit le relief que vous voulez donner au torse, ce cercle sera coupé en huit points par les rayons ou lignes précédentes faites; de ces points, élevez des perpendiculaires qui couperont les horizontales premièrement tracées, à des points comme a, b, c, d, e, etc.; ces points vous donneront l'axe hélisse (pl. 1re, fig. 13) de la colonne, et sur les mêmes horizontales portez le demi-diamètre des deux côtés de l'axe, dans la partie conique. Il faut prendre la diminution sur l'horizontale de chacun de ces points comme en h, i, etc., de tous ces points tracez le contour de la colonne.

On a contenté à vue les deux extrémités du fût, comme on le voit près de l'axe dans le dessin, afin d'adoucir le torse au point de départ comme à l'arrivée.

On orne souvent cette colonne d'une branche de fleurs ou guirlande qui grimpe dans la partie creuse, et qui sort d'une couronne de feuilles ou autres ornements au bas de la colonne.

RENVOI.

A noyau ou force réelle de la colonne.

B projection du renflement indiqué par une ligne fine à l'élévation.

C diamètre de la colonne naturelle ou lisse.

D plan de la basse dont l'ordre des numéros correspond à celui des lettres de l'élévation.

DIFFÉRENTS EMPLOIS DE PILASTRES.

Le chapiteau pilastre ionique sert d'exemple pour les cannelures, et son plan pour ce qu'ils doivent être engagés dans le mur.

Jambage d'une porte cochère, fig. 1, où les pilastres, a, saillent sur le mur d'un sixième de leur largeur.

Moitié de portique d'une porte cochère avec colonnes accouplées, fig. 2; le pilastre, a, est engagé d'un côté comme la colonne qui l'est d'un tiers dans la partie renfoncée de la porte, l'autre côté est engagé de cinq sixièmes comme b, ou saille d'un sixième sur le mur.

ENTRE-COLONNE DE VESTIBULE.

Le pilastre a un quart engagé ou a moitié sur deux côtés, comme la fig. 3.

Péristyle, fig. 4, avec pilastres derrière les colonnes a, et pilastre d'angle b au mur de retour.

Plan de la façade d'un temple. Fig. 5.

Il a paru utile de donner les termes des diverses parties qui le composent et qui donnent l'application des ordres ci-devant décrits.

RENVOI.

A colonnade ou pourtour formant le péristyle.
B péristyle.
C portail.
D porche.

E colonnade formant le péristyle intérieur.
F péristyle intérieur.
a ante ou pilastre à la tête du mur.

Plan d'une façade d'hôtel. Fig. 6.

Cet hôtel est élevé sur une terrasse et précédé d'une cour.

RENVOI.

A terrasse.
B perron de sept marches.
C portique.

D porche ou premier antichambre.
E galerie.
a ante ou pilastre d'angle.

Nota. Les pilastres sont toujours adossés et ne diminuent pas comme les colonnes.

PLANCHE XXXII.

ARCADES, PORTES, CROISÉES ET BALUSTRES.

ARCADES. *Trois exemples.*

Fig. 1. Adjoint d'appareil avec bandeau formant frise et corniches.

Fig. 2. A refend décoré d'impostes et archivoltes, couronné d'un entablement.

Fig. 3. Porte en arcade avec joint d'appareil et arc doubleau.

Fig. 4. Porte intérieure ou croisée, A coupe latérale.

Fig. 5. Porte extérieure ou croisée, A coupe latérale, B vue de côté ou latéralement.

Fig. 6. Petite croisée.

Fig. 7. Croisée d'attique ou d'entresol.

BALUSTRES VARIÉES AINSI QUE LEUR SOCLE ET APPUI,

Fig. 1 et 2. Balustre rustique à forme carrée.

Fig. 3. Balustre double ou en fuseau convenant aux appuis de croisées, etc.

Fig. 4. Balustre ornée, pour les intérieurs.

Fig. 5 et 6. Balustres plus usitées propres aux terrasses, etc.

SUITE
AUX ORDRES D'ARCHITECTURE.

APPLICATIONS.

Les planches qui précèdent ont été consacrées à l'étude des ordres d'architecture ; cette partie, très importante pour la décoration des édifices, demande une suite d'exemples où l'architecte fait des compositions sans avoir besoin des ordres d'architecture, où il emploie ces ordres en leur faisant subir des modifications, suivant le besoin et l'usage qu'il veut en faire. Notre but serait manqué si, après avoir donné les ordres bien détaillés, nous n'avions joint des explications aux divers travaux d'architecture dont les exemples sont indispensables, tels que les plans, les coupes et les élévations d'une maison d'habitation dans laquelle les ordres n'entrent pour rien. D'autres planches offriront des exemples avec ordres complets et avec modifications ; des applications de travaux de charpente, de serrurerie, et particulièrement de la fonte de fer, de la distribution des escaliers, quelques études de l'application de la menuiserie, de la décoration intérieure, etc.

Maisons et façades.

Nous regrettons que l'espace si court qui nous est réservé ne nous permette pas de donner le développement que nécessite les maisons d'habitation, qui exigent tant d'études, soit pour la distribution et la décoration auxquelles on peut donner tant d'étendue, en raison du lieu où l'on doit exécuter l'habitation et toutes ses dépendances. C'est dans les irrégularités du terrain et de sa situation que l'artiste habile sait tirer le parti le plus avantageux pour la distribution et la décoration, qui doivent autant que possible être toujours applicables au personnage qui doit l'habiter ; c'est la nécessité qui force l'architecte aux plus minutieuses recherches.

Pour remplir toutes les exigences d'une bonne distribution et d'une juste disposition des ornements de sculpture, de la peinture, de l'ameublement, etc., il faut beaucoup de goût et d'étude de la part de l'architecte pour remplir les exigences que nécessitent l'habitation d'un personnage important. De nos jours, toutes ces exigences, cette richesse de décoration et de luxe, se rencontrent dans la maison d'un simple particulier ; le plus petit établissement public étale plus de richesses de décoration en sculpture, en peinture et en ameublement, qu'on n'en trouve dans le palais des souverains ; nous ne pouvons donc pas donner de semblables exemples, et nous nous bornerons à une seule distribution simple, utile et commode, régulière et susceptible de recevoir la plus grande richesse.

PLANCHES XXXIII A XXXV. — PLANS ET FAÇADES DE MAISONS.

Pl. 33. Plans, coupe et élévation d'une petite maison dont l'entrée est sur le côté, ce qui permet de descendre à couvert, de communiquer au jardin ou à une cour sans passer par la maison. La grande porte peut être supprimée, et l'ouverture du milieu de la façade peut devenir porte d'entrée.

Explication de la distribution du rez-de-chaussée.

M, entrée à couvert, a a vestibule, b salle à manger, d cuisine, c salon, e cabinet, f latrines.

Premier étage :

g escalier et dégagement, h h chambres à coucher avec alcôves et cabinets, i i chambres à coucher, k cabinet

Fig. 1. Élévation sur la rue.

Fig. 2. Coupe de la maison.

Pl. 34. Exemples de façades de maisons : La première est isolée, elle est décorée de pilastres d'ordre dorique, sans triglyphes, l'ordre est ajusté avec des arcades au rez-de-chaussée. Au premier, un pavillon décoré de pilastres ioniques et de fenêtres enrichies de chambranles, contre-chambranles, corniches à consoles et frontons ; le pavillon est entre deux terrasses. La deuxième figure est une façade dont l'application est sur une rue, elle est disposée entre deux murs de clôture, son architecture est ajustée dans le style des compositions de Palladio et de Scamozzi.

Pl. 45. Façades de maisons exécutées entre cour et jardin : La façade est celle du côté de la cour. Sa composition peut être applicable aux façades que l'on exécute sur la voie publique. La porte d'entrée, formant pavillon avec épaisseur, contient le logement du concierge d'un côté, et de l'autre des remises.

PLANCHE XXXVI. — SERRURERIE.

Fig. 1 à 3. Grilles et couronnements en demi-cercle exécutés dans divers quartiers de Paris. Les ornements sont en fonte de fer ajustée au fer forgé.

Fig. 4. Motif de la grille du Carrousel, ajustée avec une des colonnes qui termine le mur d'appui et la grille du milieu.

Fig. 11 et 12. Grille d'appui et d'enceinte.

Fig. 5 à 10. Divers motifs d'ornements pour couronnements de grilles.

PLANCHE XXXVII. — SERRURERIE.

Balcons et appuis de fenêtres en fonte de fer reproduits dans divers quartiers de Paris; les dimensions sont cotées sur le dessin. Tous ces balcons sont d'un seul morceau et portent leurs scellements aux deux extrémités.

PLANCHE XXXVIII.

On a réuni sur cette planche divers modèles d'objets fondus, tels que : candélabres servant à l'usage du gaz et destinés à l'éclairage de la ville, on en voit deux figures sous le numéro 1. Sous les numéros 2 et 3, des bornes creuses, et dont la destination est de servir de piédestal aux candélabres. Numéros 4 et 5, modèles de chasse-roues que l'on trouve tout fondus. Numéros 6 à 8, variantes de balustres, et dont l'application, fig. 6, est pour la première marche; l'autre, fig. 7, pour être placée en dehors de la marche, et la fig. 8 sur la marche. Numéro 9, rampe placée en dehors de la tête des marches, et dont les montants sont réunis en haut et en bas à une tringle continue.

PLANCHE XXXIX A XLI. — ESCALIERS.

Les escaliers servent à la commodité des habitations et même à leur décoration ; c'est une partie très-difficile pour bien les disposer, pour déterminer leur point de départ et leur point d'arrivée à la hauteur de chaque étage : la combinaison des escaliers demande beaucoup d'étude et de raisonnement de la part de l'architecte qui le compose sur un plan et une hauteur donnés ; les principales données sont la hauteur de la marche, qui varie de 14 à 24 centimètres, et la largeur du pas qui varie de 20 à 30 centimètres; elle ne peut et ne doit avoir moins de 20 centimètres au milieu de la marche dans les petits escaliers circulaires. On voit, par les trois exemples figurés sur la planche, que les marches sont divisées également sur la ligne du milieu, que l'on nomme giron, qui est l'endroit où l'on pose le pied. Les trois plans suivants vont servir de développement et d'exemple.

Pl. 39. Elle offre trois plans d'escaliers avec leurs élévations, leurs formes et leurs hauteurs, ainsi que leurs largeurs qui sont variées.

Fig. 1, présente le plan et l'élévation d'un escalier en pierre en forme circulaire, avec un noyau également circulaire ; chaque marche est scellée dans le mur et porte son noyau. Sur le giron de l'escalier on a numéroté le nombre des marches ainsi que sur l'élévation.

Fig. 2. Plan et élévation d'un escalier dont la cage est rectangulaire ; le milieu est à jour, la rampe est placée extérieurement à chaque tête de marche.

Fig. 3. Elle offre le plan et l'élévation d'un escalier demi-circulaire et à jour. Les cinq premières marches sont en pierre, les autres en bois.

Pl. 40. Escalier, vis à jour, les six premières marches sont en lignes droites et parallèles ; les autres ont les devants dirigés au centre ; les numéros des marches placés sur le plan, fig. 1, correspondent à l'élévation, fig. 2. La fig. 3 indique l'assemblage des marches.

Pl. 41. Plans et élévations des détails d'escaliers : le premier, fig. 1, est composé de marches droites et pleines qui ont des moulures à leurs têtes ; la rampe doit se poser sur le pas de la marche. La fig. 2 représente l'élévation intérieure et fait voir la crémaillère et les moulures formées par la tête des marches.. La fig. 3 montre la coupe des marches et des contre-marches, la position des boulons a b qui fixe la plate-bande b b, la tête des boulons est encastrée dans le dessus de la marche, l'autre extrémité traverse la plate-bande qui lui sert de rosette.

Fig 4. Détails d'un escalier à limon, terminé par une volute, D ; les marches sont assemblées dans ce limon, A B ; on voit les entailles dans l'élévation intérieure de ce limon, e f, fig. 6.

La fig. 5 fait voir l'élévation qui est la contre-partie de la figure 6 ; le limon a b est terminé par une volute, d, qui repose sur la première marche en pierre ; il est assemblé dans le patin c, les extrémités des limons sont terminés par des tenons et des boulons d'assemblage.

PLANCHES XLII, XLIII, XLIV ET XLV. — CHARPENTE.

Planche 42. — *Maisons construites en bois.*

On emploie quelquefois des pans de bois pour les façades des maisons donnant sur les cours, et dont l'étendue est de peu de conséquence. Quelques pays en font encore un grand usage. Nous donnons deux exemples de façades dont les pans de bois sont toujours élevés sur des socles en pierre de taille ou sur un petit mur en moëllon, sur lequel repose une sablière dans laquelle toutes les pièces montantes viennent s'assembler. Les réglements de la voirie s'opposent à l'érection des maisons en bois dans l'intérieur des villes ; quand cela arrive, on élève des piliers en pierre de taille, qui montent jusqu'au premier étage et sur lesquels repose la sablière.

Planche 43. — *Combles à deux égouts en charpente.*

On distingue sous le nom de comble la partie qui surmonte les maisons et les édifices.

L'inclinaison que l'on donne au toît est de 15 à 25° ; on porte cette pente jusqu'à 40°, mais l'expérience a prouvé que la pente la plus convenable était celle de 20 à 25°.

On construit les combles en bois, de diverses dimensions ; presque toujours en bois équarri, en observant de les mettre de champ; souvent ils sont construits en madriers posés de champ. Les bois employés à cet usage sont : le chêne, le châtaignier et le sapin.

Fig. 1. Comble à deux égoûts : l'intérieur est disposé en voûte formant un demi-cercle; cette charpente est exécutée au collége Saint-Louis.

Fig. 2. Autre comble exécuté à un des abattoirs de Paris.

Fig. 3 et 4. Comble à l'italienne exécuté à l'église St-Charles, coupe et profil de la ferme.

Fig. 5 et 6. Profil et vue extérieurement d'une demi-ferme dans le système italien.

Planche 44. — *Comble en planches et comble en fer.*

Les figures 1 à 6 appartiennent au système de la charpente dite à la Philibert Delorme, dont l'exécution se fait en planches ; les courbes sont reliées par des liens et des clefs. La fig. 5 indique l'arrangement des planches qui doivent former des courbes de diverses formes, soit en plein cintre, en anse de panier ou en ogive; les fig. 2 et 4 font voir des planches isolées, dont les applications se trouvent fig. 1 et 3. La fig. 6 fait voir la réunion du cintre et de l'arbalétrier avec le coyau ; cette figure offre l'exemple de l'emploi des clous au lieu de moises.

Comble en fer, fig. 7 à 11. Nous n'en donnerons qu'un seul exemple, dans la ferme fig. 7, dont la forme est ogivale et convient assez à un théâtre, car les combles sont faits de manière à contenir une grande quantité de machines (celui-ci est exécuté au théâtre de l'Ambigu, à Paris). Ces sortes de combles sont toujours composés d'une entrée en fer, A, formée d'un arc, a, d'une corde, b, et d'une tangente, d, le tout réuni par une frette, comme on le voit en C. Les fig. 9 et 10 en font voir la coupe et le profil, la fig. 8 un détail de l'extrémité, la fig. 11 le dessus de cette entrée, lequel porte les deux arbalétriers GG, un arc de décharge H, qui vient faire scellement dans le mur; cinq aiguilles pendantes BB servent à réunir la grande entrée et les deux fausses entrées I K avec les arbalétriers. Une semelle L placée dans le mur EE porte tout le système.

PLANCHE XLV. — MENUISERIE, COMPARTIMENTS DE PARQUETS.

Cette planche offre diverses combinaisons de planchers et parquets; cette suite d'exemples suffit pour donner une idée de la variété qu'on peut apporter dans ces sortes d'ouvrages.

Planchers, assemblages jointifs de planches de chêne ou de sapin, placés en divers sens sur les solives ou sur les lambourdes; celui que l'on nomme parquet diffère du précédent en ce qu'il est composé de planches fort courtes, assemblées de manière à former, en se croisant entre elles, des compartiments plus ou moins compliqués en raison de l'importance des salles auxquelles on les destine. Les planchers les plus simples sont fig. 5, ils n'ont d'autre façonnement que d'être blanchis en dessus et les joints dressés et bouffetés à languettes.. On peut varier la décoration de ces planchers en changeant la direction des joints dans chaque travée, de manière à obtenir une sorte de décoration, comme on le voit dans les fig. 3 et 4, qui offrent des exemples des dispositions les plus usitées et que l'on nomme à points de Hongrie ou en fougère. Fig. 1 et 2. Parquets à grandes feuilles. En employant à la construction des parquets des bois de différentes couleurs, on obtient des mosaïques d'un très bel effet ; les fig. 6 à 8 en offrent des combinaisons très-variées et auxquelles il ne manque que la couleur.

PLANCHE XLVI. — GROSSE MENUISERIE , PORTES COCHÈRES.

Les fig. 1 et 3 offrent l'ensemble des grandes portes dont la décoration est formée par des panneaux pleins ; la partie circulaire est à jour ou vitrée. La décoration de ces deux exemples fait voir tout le parti que l'on peut tirer des moulures, soit pour assemblages ou en appliquant seulement les moulures sur les planches ou lambris de la porte. La fig. 2 fait voir les profils et les assemblages de la porte fig. 1 ; ceux qui sont près des moulures sont toujours à joints recouverts, pour que quand les bois se retirent ou se gonflent, les différences se portent dans les rainures sans qu'il en paraisse rien au dehors. Les fig. 4 , 7 et 6 offrent des exemples de portes cochères pleines, dont les assemblages sont variés ; ces portes sont toujours pleines et les assemblages en sont variés comme on le voit par les profils fig. 5 et 8 , qui appartiennent aux portes 4 et 7.

PLANCHE XLVII. — CHARPENTE, ÉTUDES DE PLANCHERS.

Cette planche offre l'application et la disposition de la charpente aux planchers. Les planchers et les parquets qui la couvrent ont été donnés planche 45.

Voici les noms que prennent ces diverses pièces de bois :

Les figures 1 et 2 appartiennent à une maison en bois, les figures 3 et 4 sont disposées pour des maisons en pierre, les poutres et les soliveaux sont scellés dans les murs : A solive portant sur les sablières, B solive portant sur la sablière et sur le mur, C cage de l'escalier, D âtre de cheminée sous lequel on place des barres de fer plates pour porter les briques, M poutre sur laquelle reposent les chevrons. Quelquefois les chevrons sont entaillés à mi-bois, N poutre avec lambourdes O O, sur lesquelles reposent les petits chevrons R Q ; V V tuyaux montants de cheminées de l'étage inférieur, E solive d'enchevêture portant la chevêtre F ; R S solive de remplissage, X vide pratiqué par une trappe, H lambourdes.

PLANCHE XLVIII. — DÉCORATION INTÉRIEURE.

Deux vues intérieures d'une chambre à coucher : la première donne la vue du côté de la cheminée, qui se détache sur un fond de glace, laquelle se trouve encadrée par deux petites colonnes arabesques. Deux portes ornées de panneaux et chambranles sont placées de chaque côté de la cheminée. L'autre vue est celle de l'alcôve qui est décorée de colonnes arabesques accouplées ; de chaque côté se trouve un petit cabinet ; le côté de la fenêtre n'a pas été dessiné.

FIN

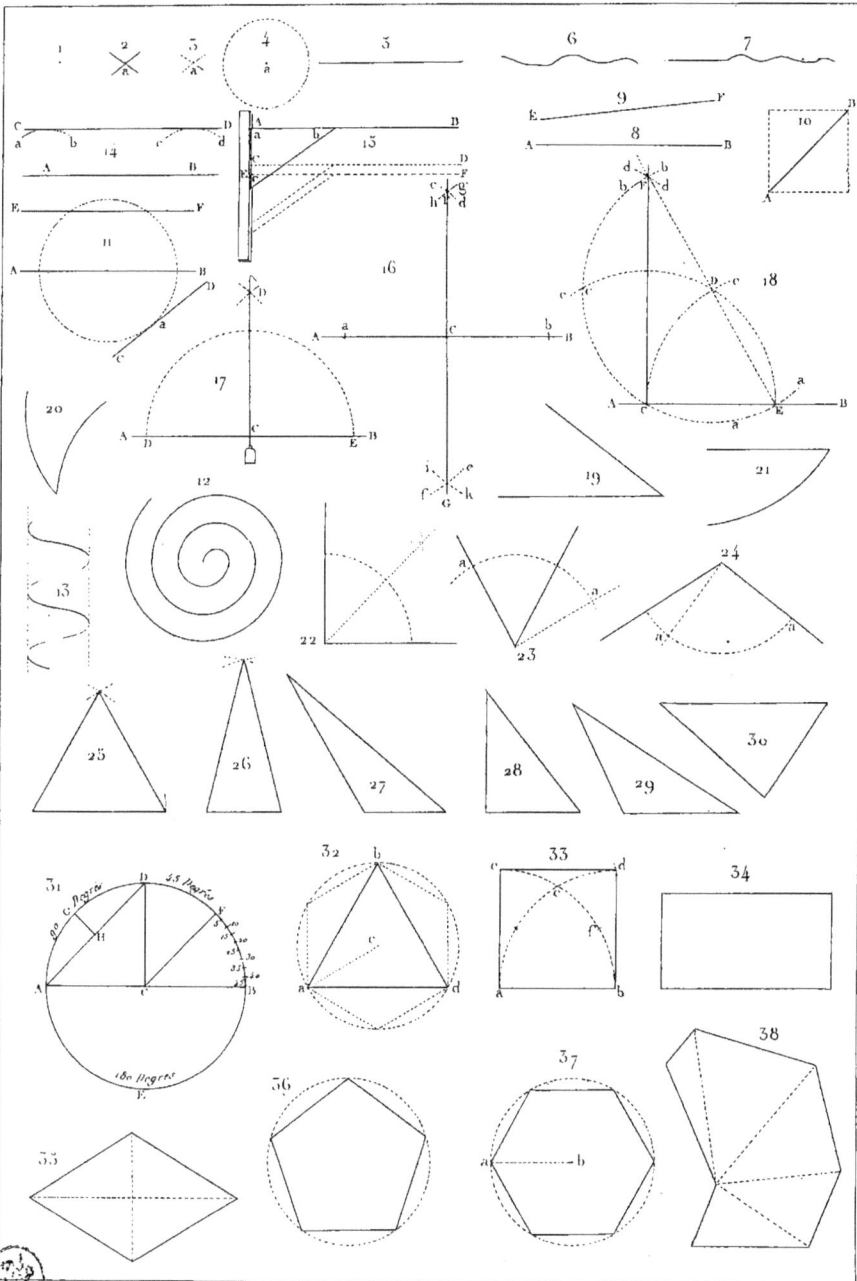

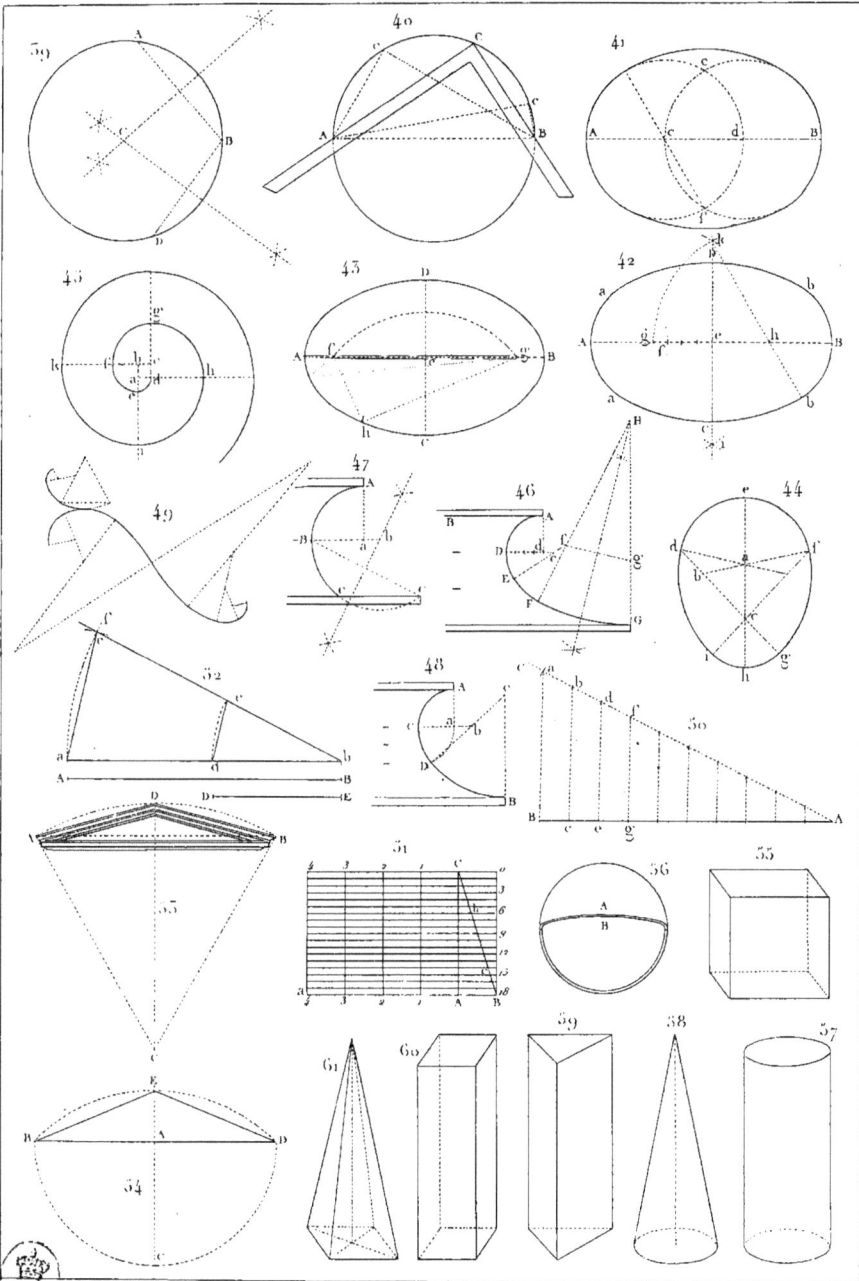

Listel Filet ou Reglet

Baguette

Astragale

Cavet ou Gorge

Quart de rond

Torc

Talon

Doucine ou Cymaise

Doucine renversée. N° 1.

Larmier

Doucine refouillée ou à mouchette

Scotie

Modillon de face

de profil

en Plafond

Postes

Grecque ou bâtons rompus

Entre-Lacs

Rose ou Rosace

Grecque ou Guillochis

Moulures Grecques

Fig. 4

Fig. 3

Proportions pour tous les Ordres de Vignole

3 parties pour l'entablement

12 parties pour la colonne compris Base et Chapiteau

Entablement ¼ de la colonne

Colonne
la hauteur de la colonne se divise
en sept pour l'ordre Toscan,
ce qui donne le diamètre inférieur ou
12 modules de haut

en huit pour l'ordre Dorique, ou
16 modules de haut

en neuf pour l'ordre Ionique ou
18 modules de haut

en dix pour les Corinthien et composite
ou 20 modules de haut

Piédestal
¼ de la colonne

3 partie pour le piédestal

Division de la hauteur des
Colonnes pour avoir le diamètre de chaque ordre.

Fig. 2

Fig. 1

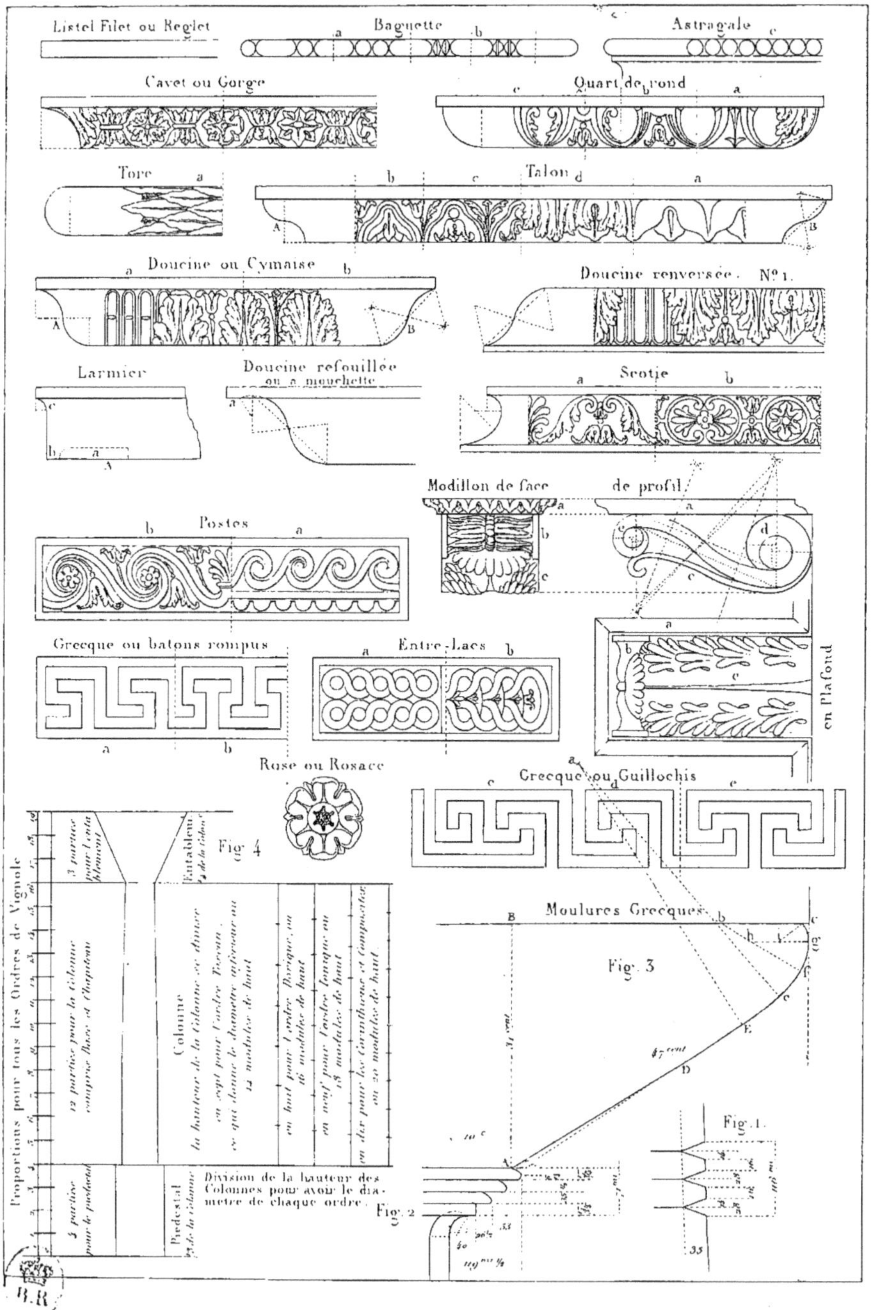

IMPOSTES ET ARCHIVOLTES.

Toscan

Ionique

Paestum

N⁰ Les saillies sont cotées d'après les axes des colonnes.

Le module se divise en 12 parties pour le Toscan et Dorique et en 18 pour les autres ordres.

Composite

Dorique

Corinthien

Les cotes sont pour l'ordre complet. Voyez le texte des planches 18 et 19.

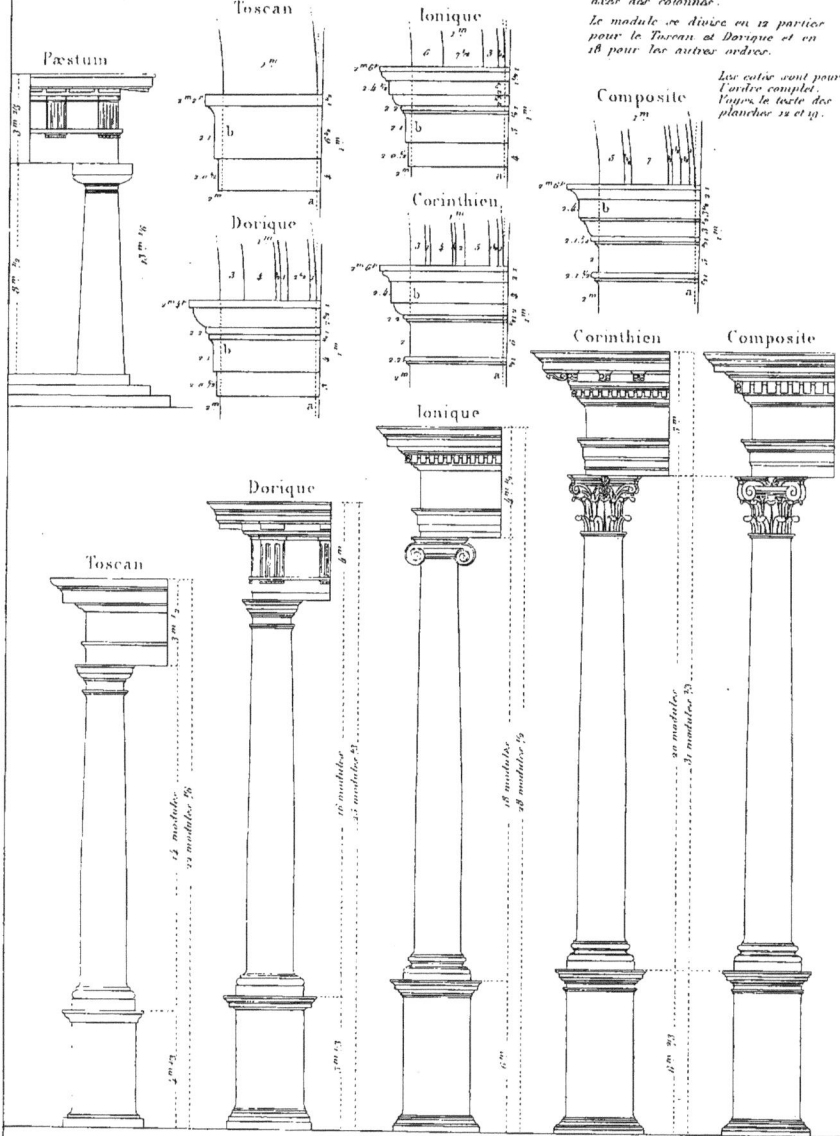

Ionique

Corinthien

Composite

Dorique

Toscan

Echelle de 15 diamètres ou 26 modules.

Plan de la Base

de la Colonne.

N° *Toutes les saillies dans cet ouvrage sont cotées des axes des Colonnes.*

Diamètre supérieur 2 M

K

H

G

F

E

D

C

B

A

Plan de la Base du Piédestal.

Echelle.

Modules.

Plafond du Chapiteau.

Plafond de la Corniche.

Diamètre supérieur de la
colonne 19 Parties.

Plafond de l'Entablement avec l'architrave.

Echelle.

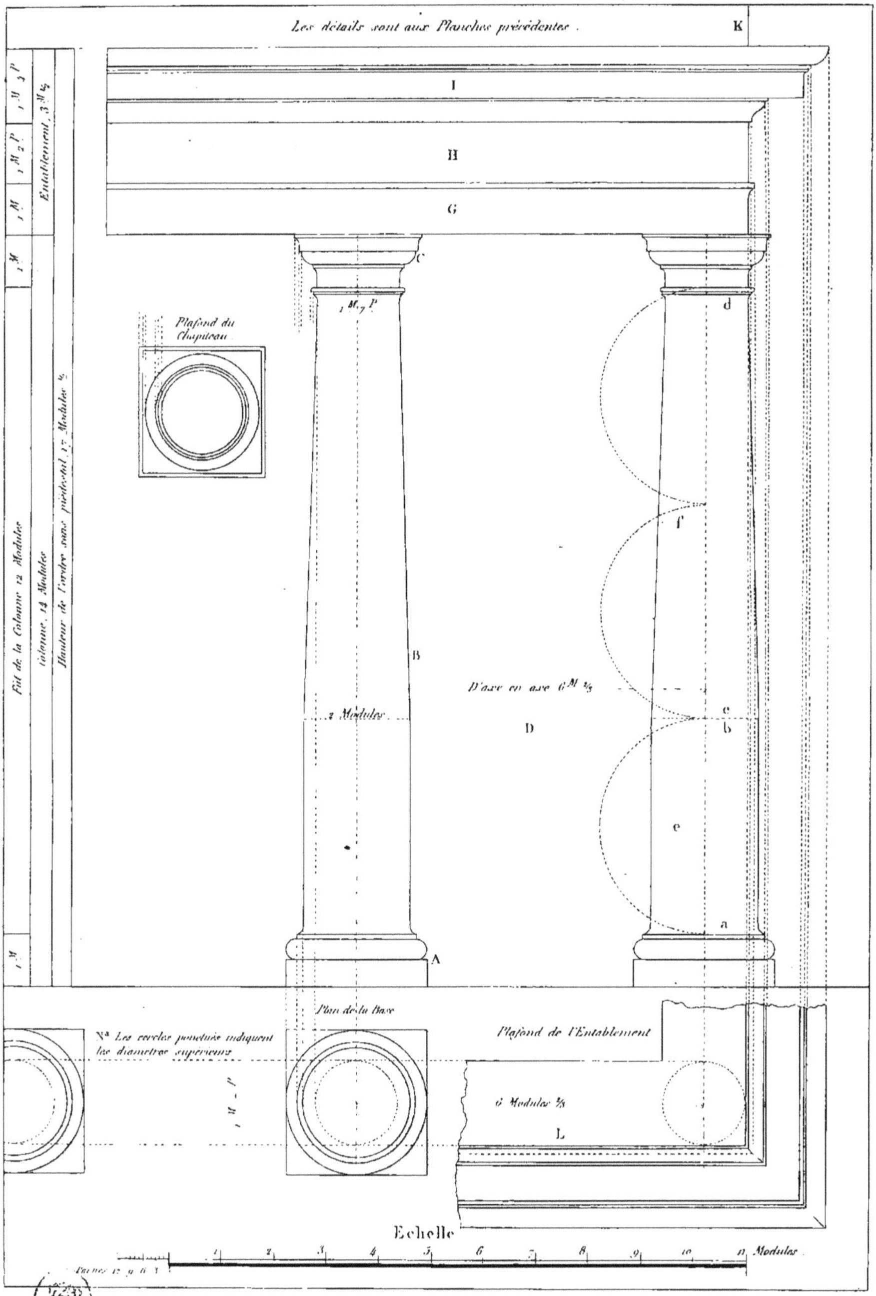

Les détails sont aux Planches précédentes.

K

I

H

G

C

Plafond du
Chapiteau

1 M, 7 P.

d

f

B

D'axe en axe 6 M. ⅔

7 Modules.

D

e

b

e

a

A

Nᵃ Les cercles ponctués indiquent
les diamètres supérieurs.

Plan de la Base

Plafond de l'Entablement

6 Modules ⅔

L

Echelle

1 2 3 4 5 6 7 8 9 10 11 Modules.

Pl. 8.

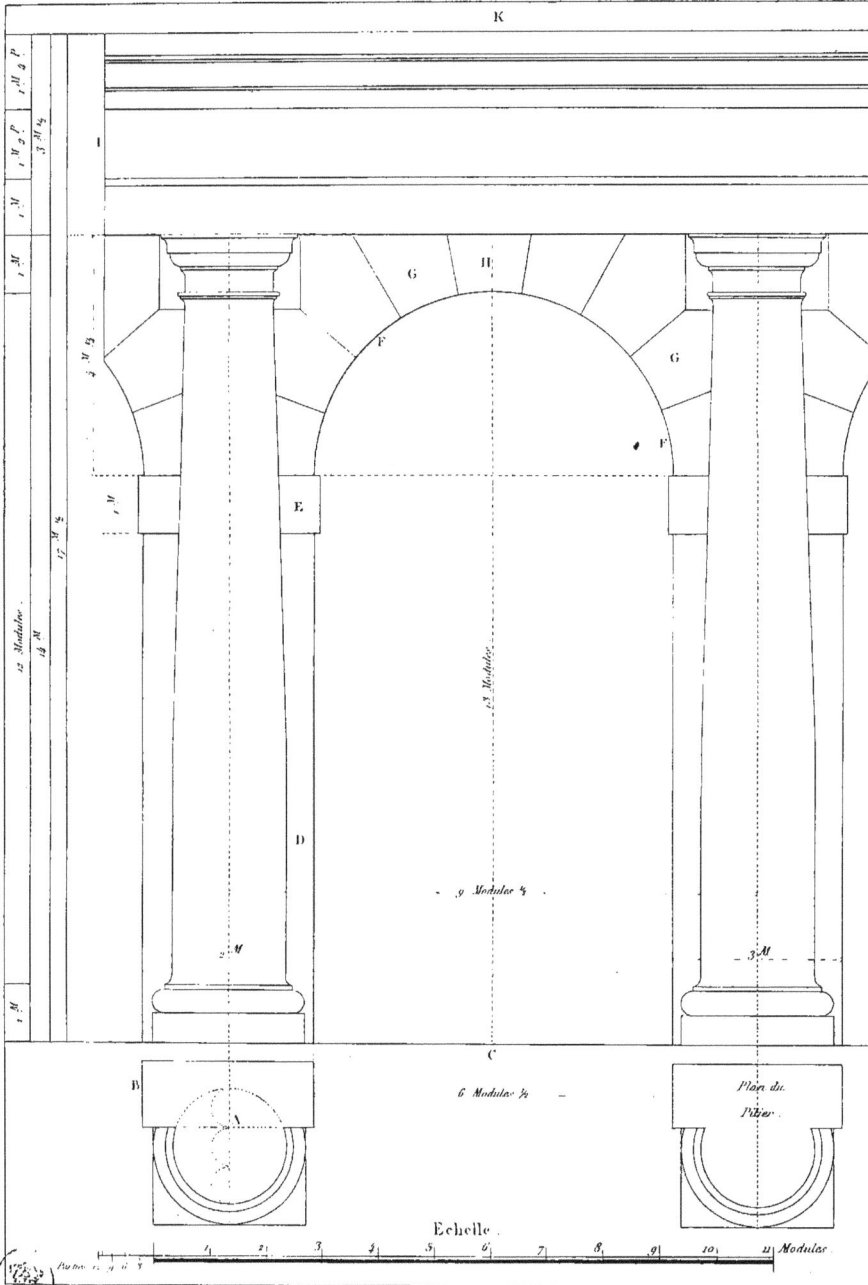

K

I

G   H

F

G

F

E

D

B   A   C   Plan du Pilier.

6 Modules ½

Echelle.

1   2   3   4   5   6   7   8   9   10   11 Modules.

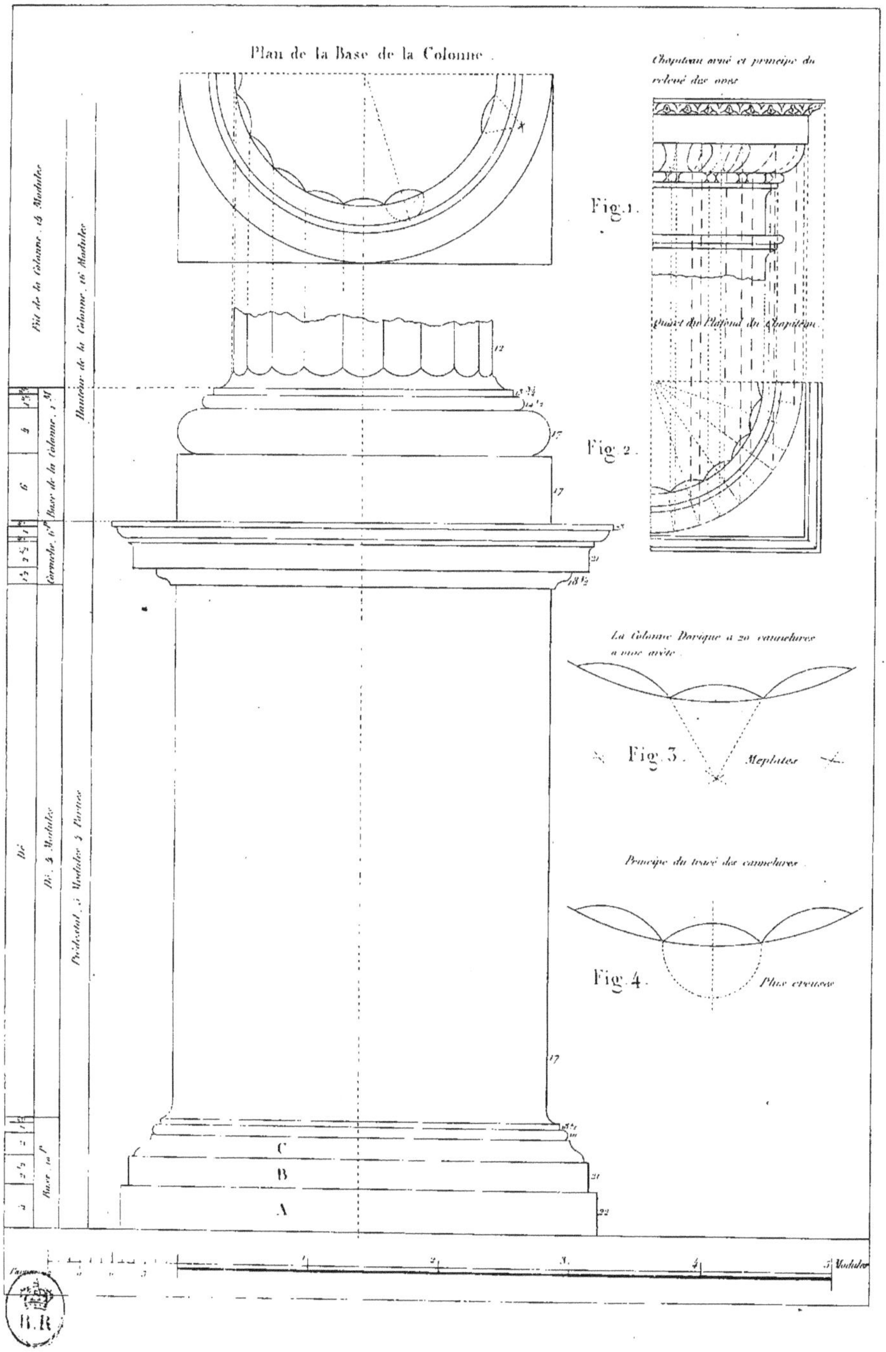

Plan de la Base de la Colonne.

Chapiteau orné et principe du relevé des oves

Fig. 1.

Quart du Plafond du Chapiteau.

Fig. 2.

La Colonne Dorique a 20 cannelures à vive arête.

Fig. 3. Méplates.

Principe du tracé des cannelures.

Fig. 4. Plus creuse.

C

B

A

CHAPITEAU ET ENTABLEMENT DORIQUE MUTULAIRE

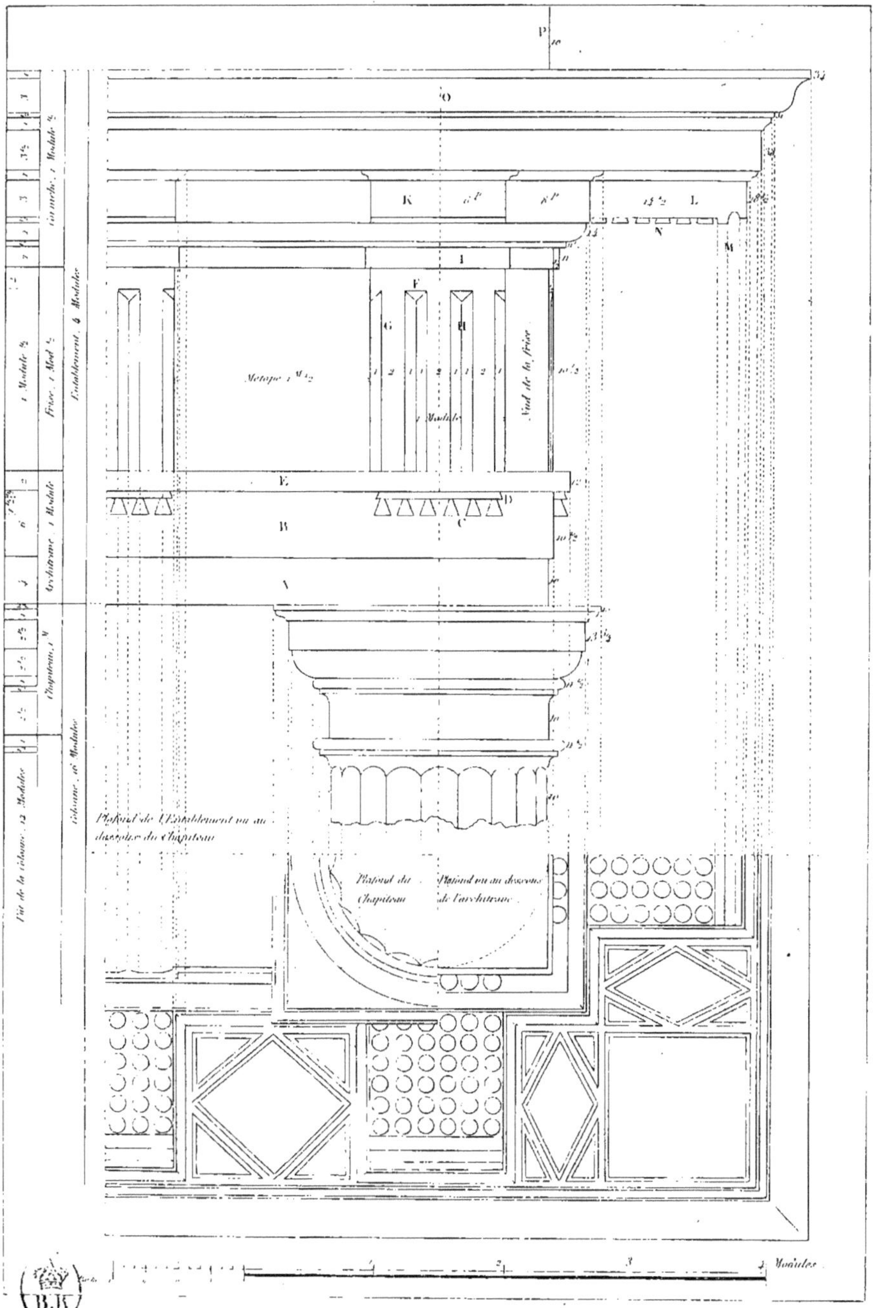

ENTRE-COLONNE DORIQUE.

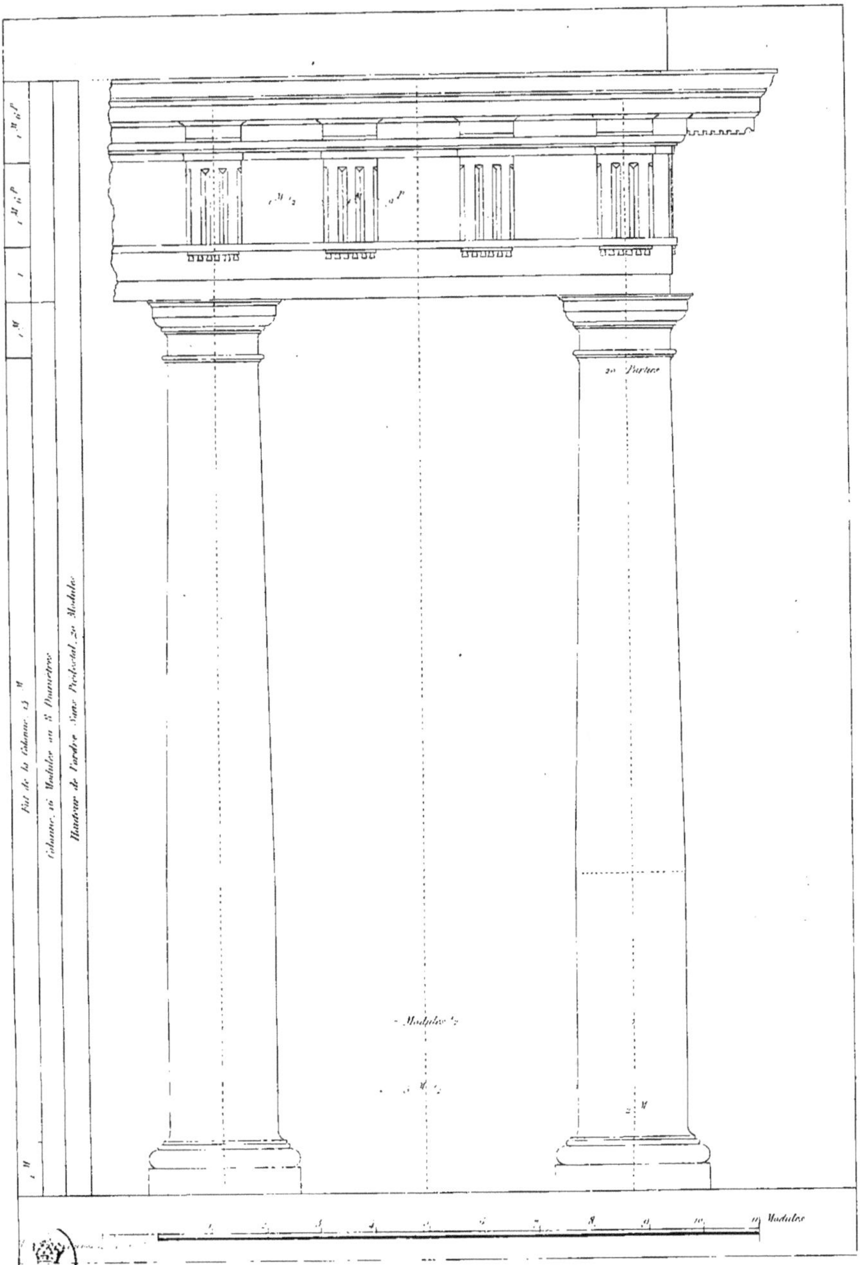

Plan du Portique.

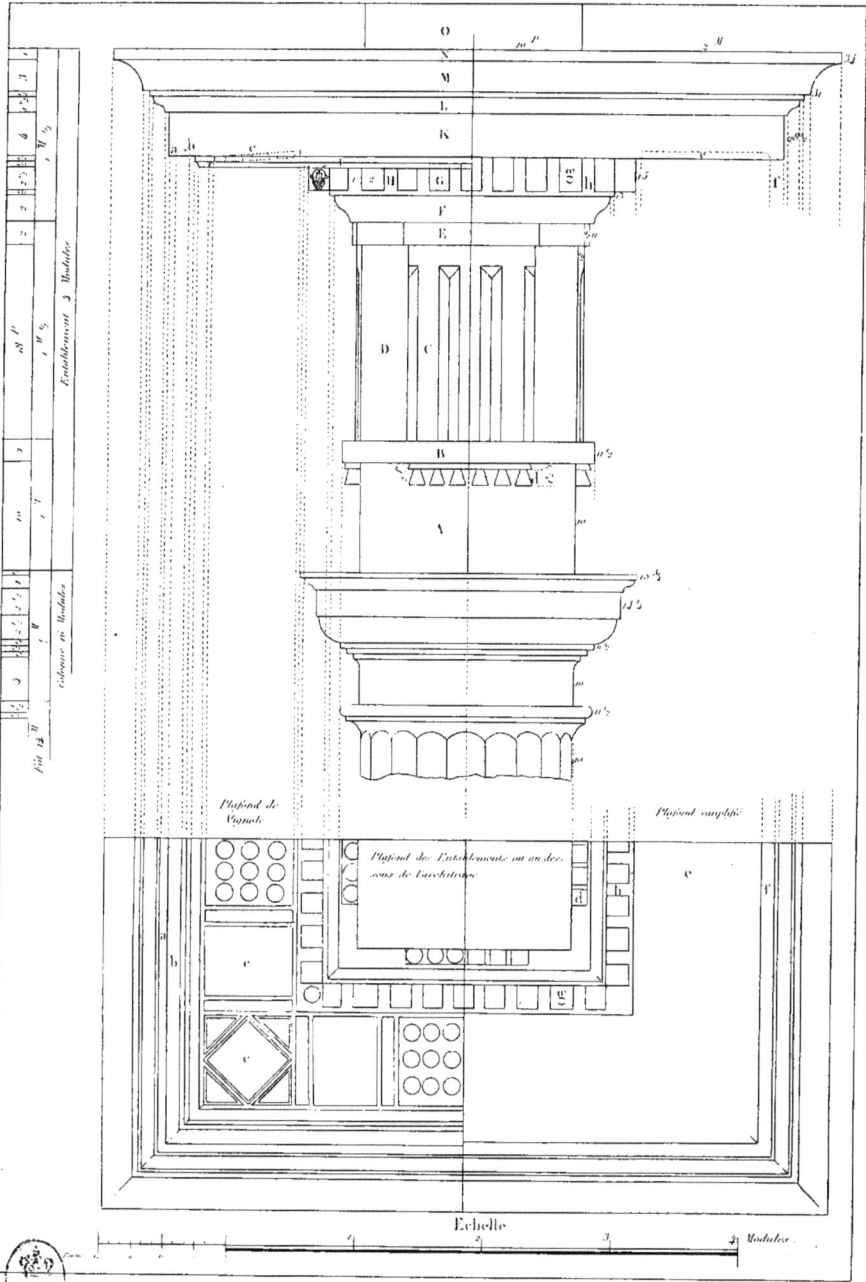

O

M

L

K

G

F

E

D C

B

A

Plafond de
Vignole

Plafond amplifié

Plafond des Entablements ou au des
sous de l'architrave

Echelle

Plan de la Base.

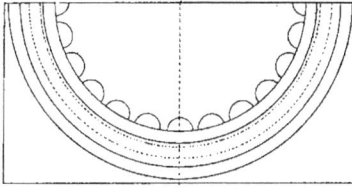

N° Les cottes sont toujours des axes des colonnes.

Base Ionique de Vignole
Fig. 1.

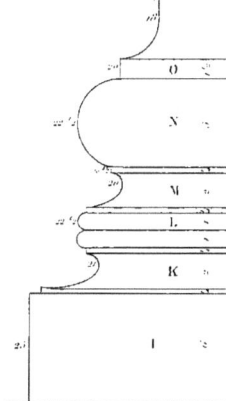

Base attique
Fig. 2.

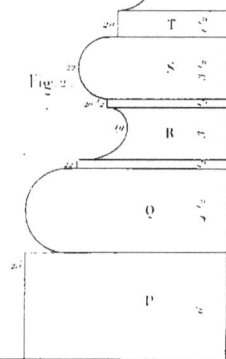

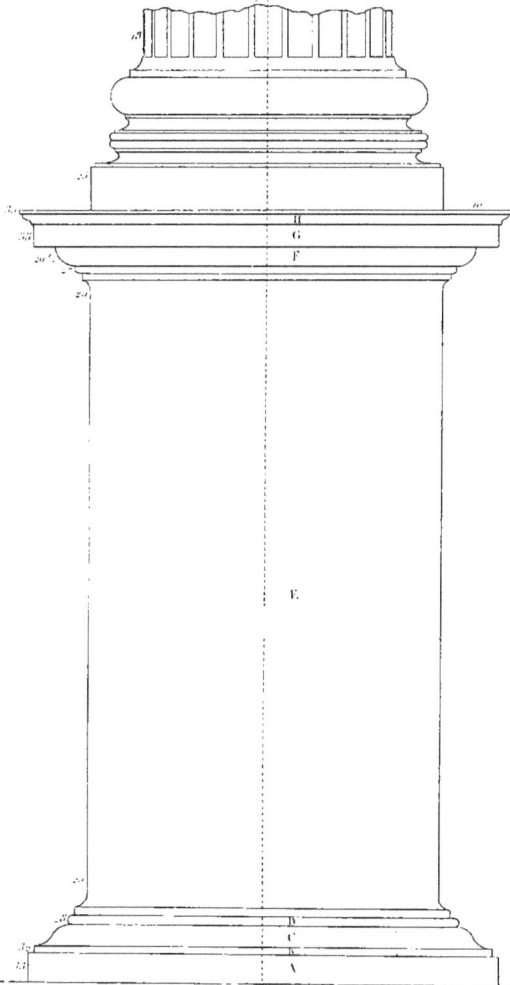

Echelle.

Dessiné et gravé par Thierry Père.

CHAPITEAU IONIQUE MODERNE OU A QUATRE FACES
ET LE TRACÉ DE LA VOLUTE DE VIGNOLE.

PL. 15.

Fig. 5.

Fig. 1.

Volute de Vignole.

Fig. 2.

Œil de la Volute
en grand.

Echelle.

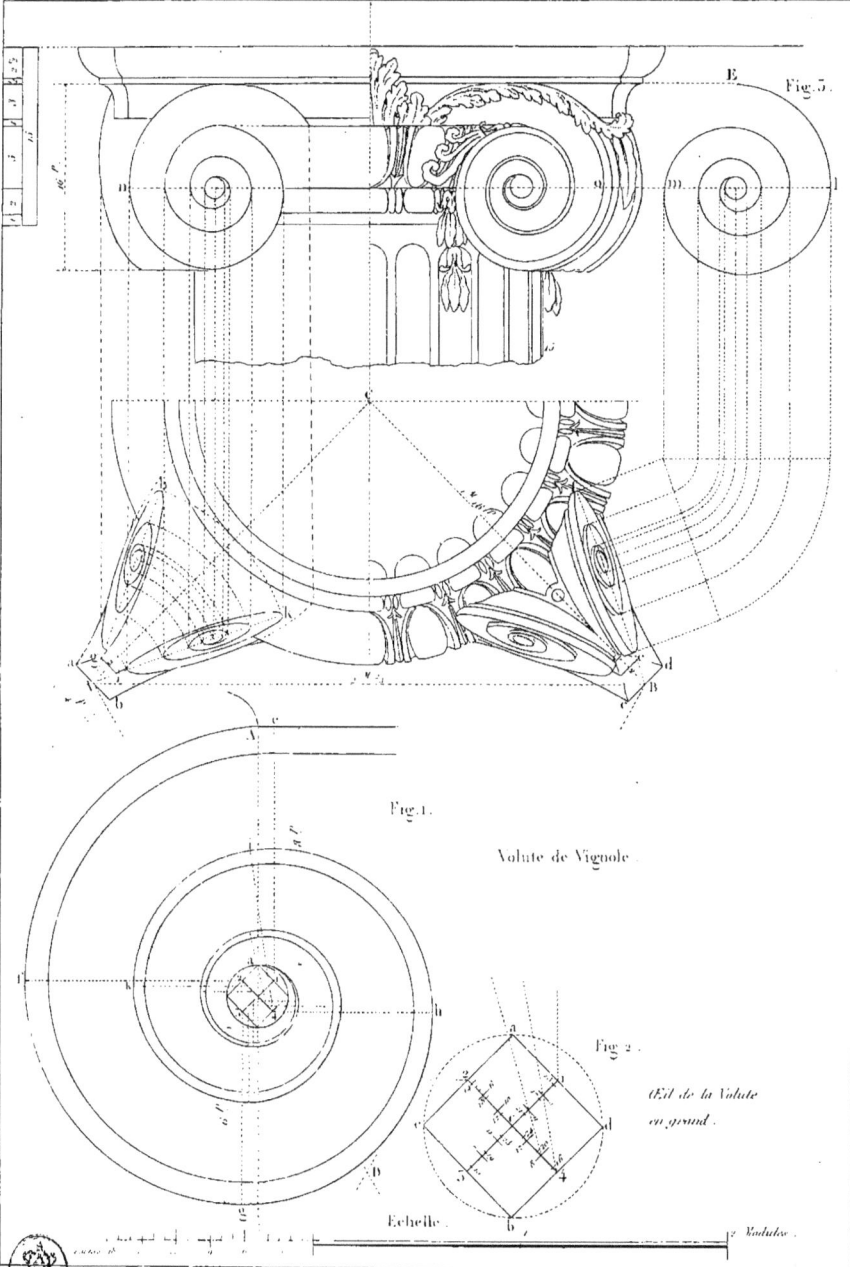

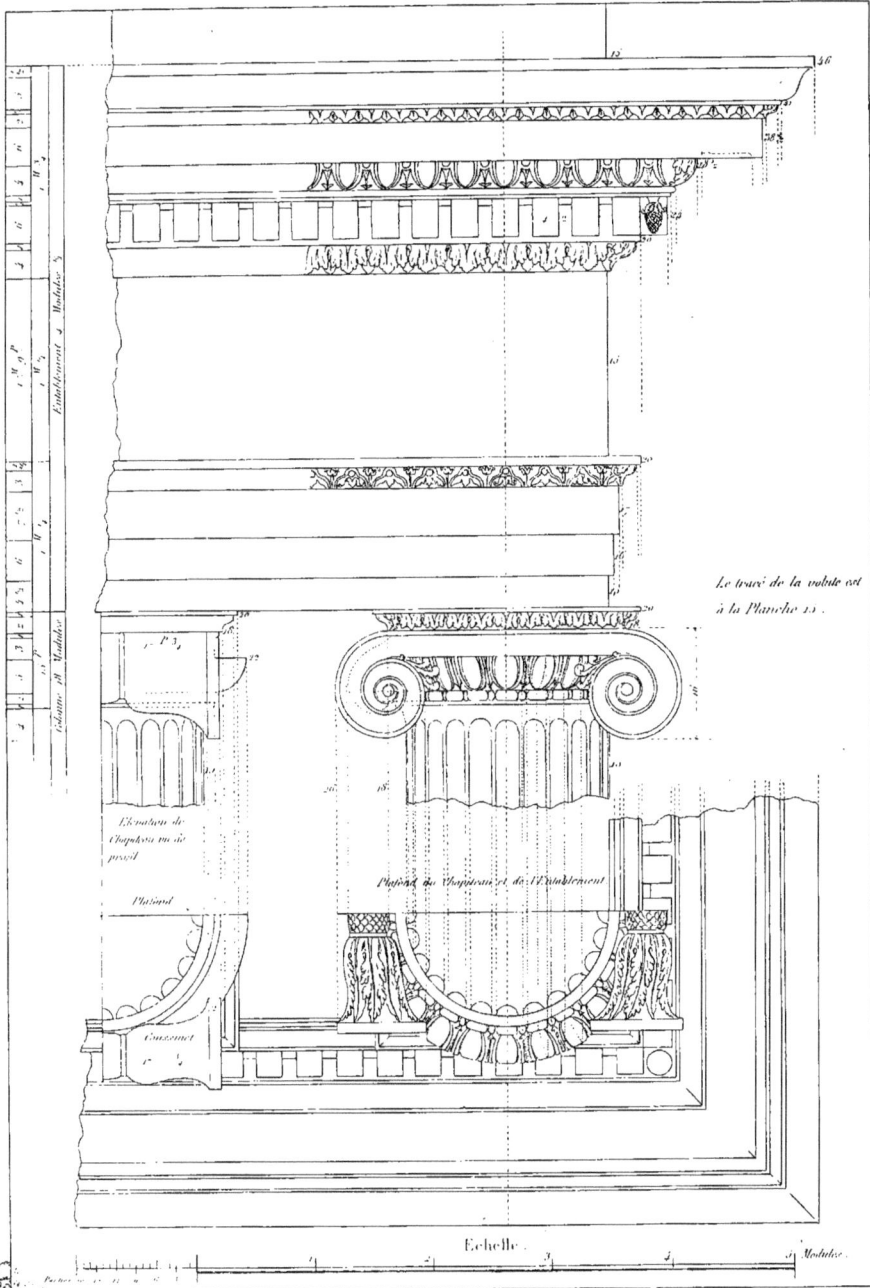

Le tracé de la volute est
à la Planche 11.

Élévation du
Chapiteau vu de
profil

Plafond

Coussinet

Plafond du Chapiteau et de l'Entablement

Echelle.

Module.

Dessiné et gravé par Normand Père.

B.R.

Echelle.

Partics — Modules

Plan

Plan

Echelle.

Dessiné et gravé par Mowy Père.

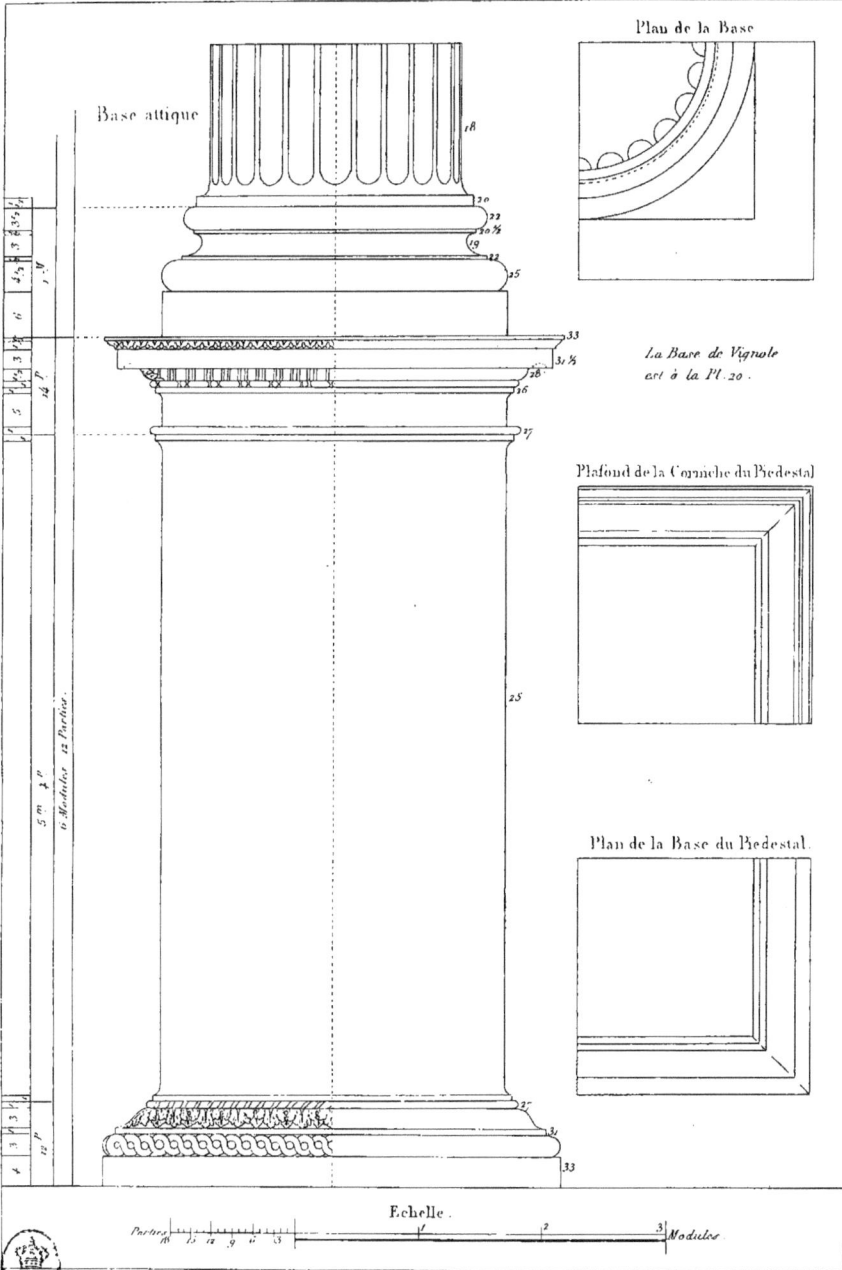

Plan de la Base

Base attique

La Base de Vignole
est à la Pl. 20.

Plafond de la Corniche du Piedestal

Plan de la Base du Piedestal.

Echelle.

Parties   Modules

Dessiné et gravé par Noizy Père.

CHAPITEAU CORINTHIEN,
VUE SUR L'ANGLE ET BASE DE VIGNOLE.

Pl. 20.

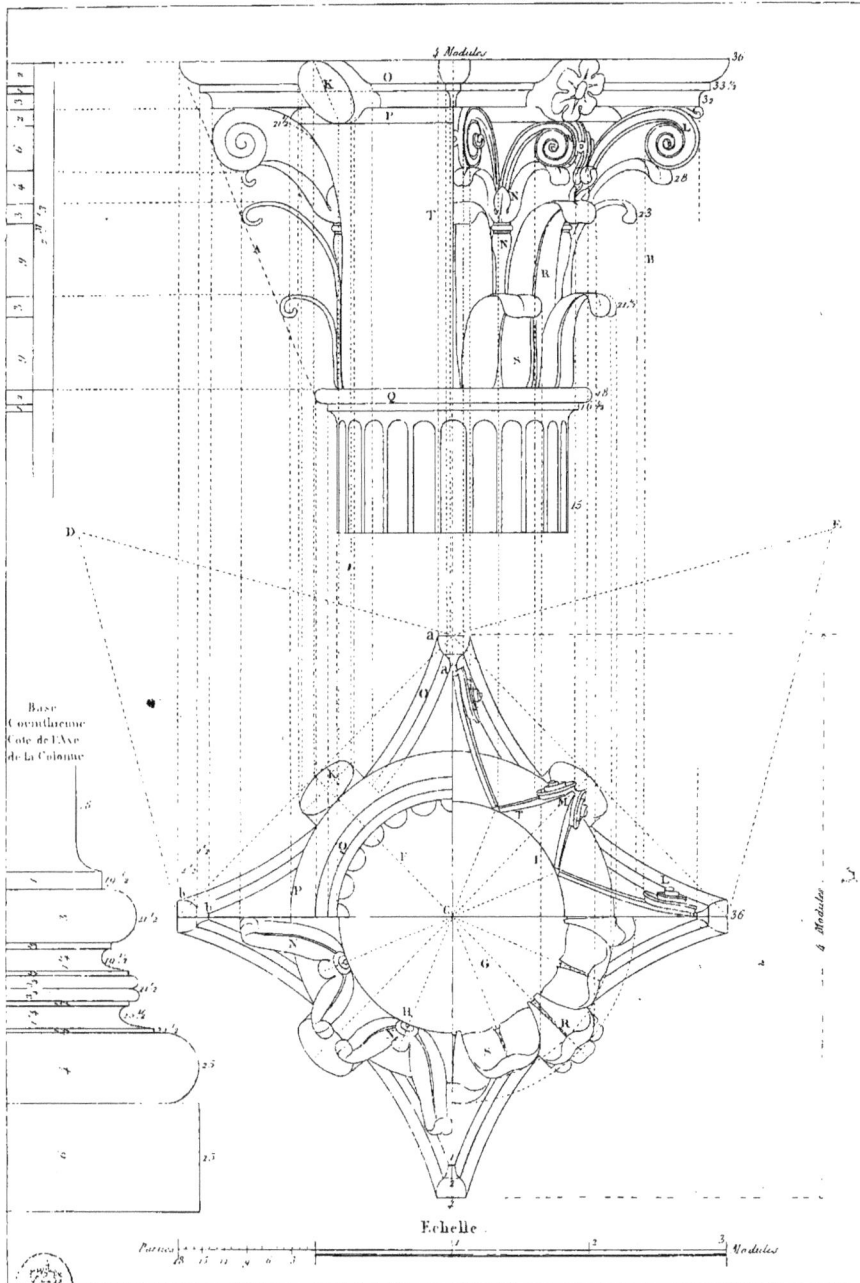

Base
Corinthienne
Coté de l'Axe
de la Colonne

Echelle.

Parties

Modules

Echelle.

Echelle.

Dessiné et gravé par Maisy Père.

Plan du
Pilier

C

Les cotes sont de l'axe de la Colonne.

D

B

A

Echelle.

Modules

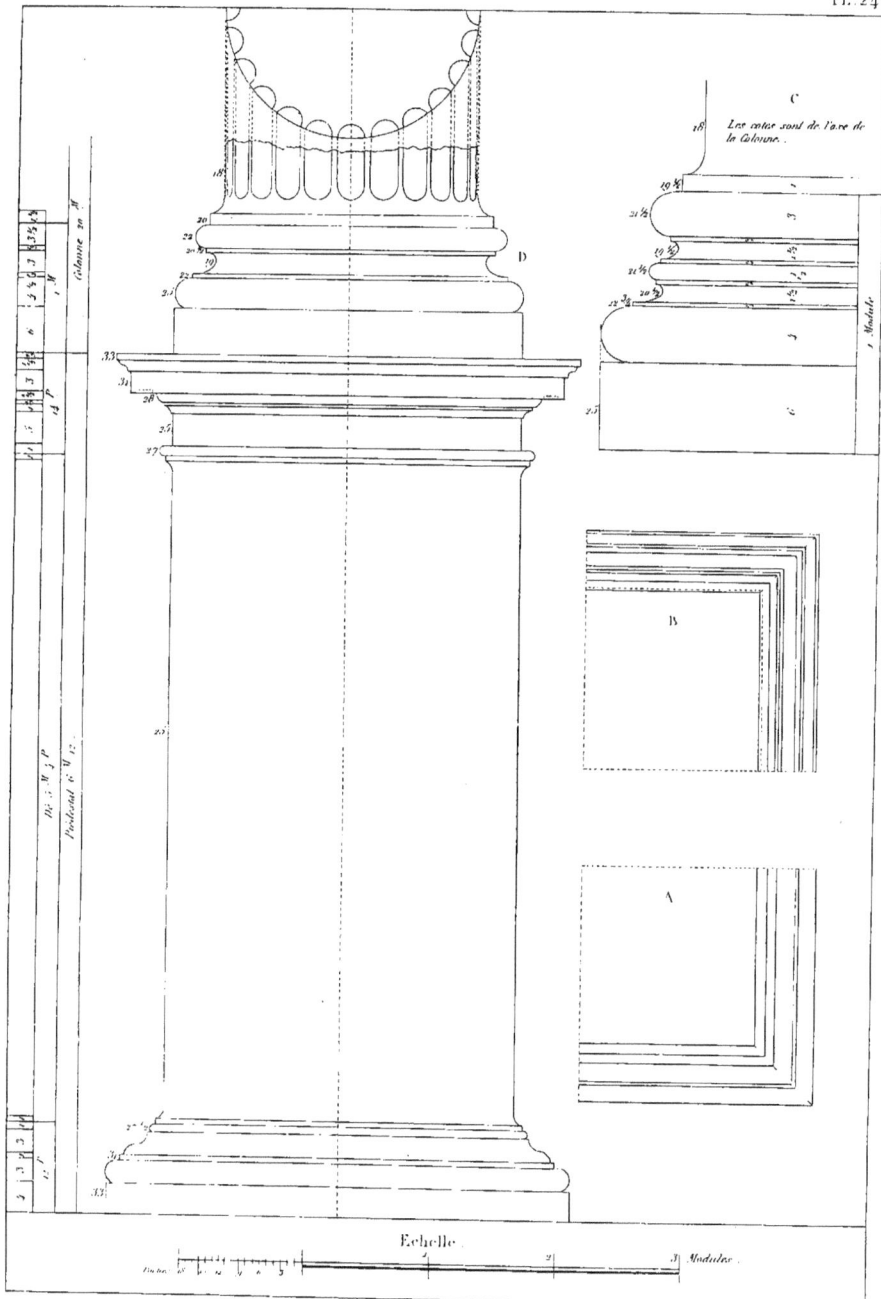

4 Modules

Echelle.

3 Modules.

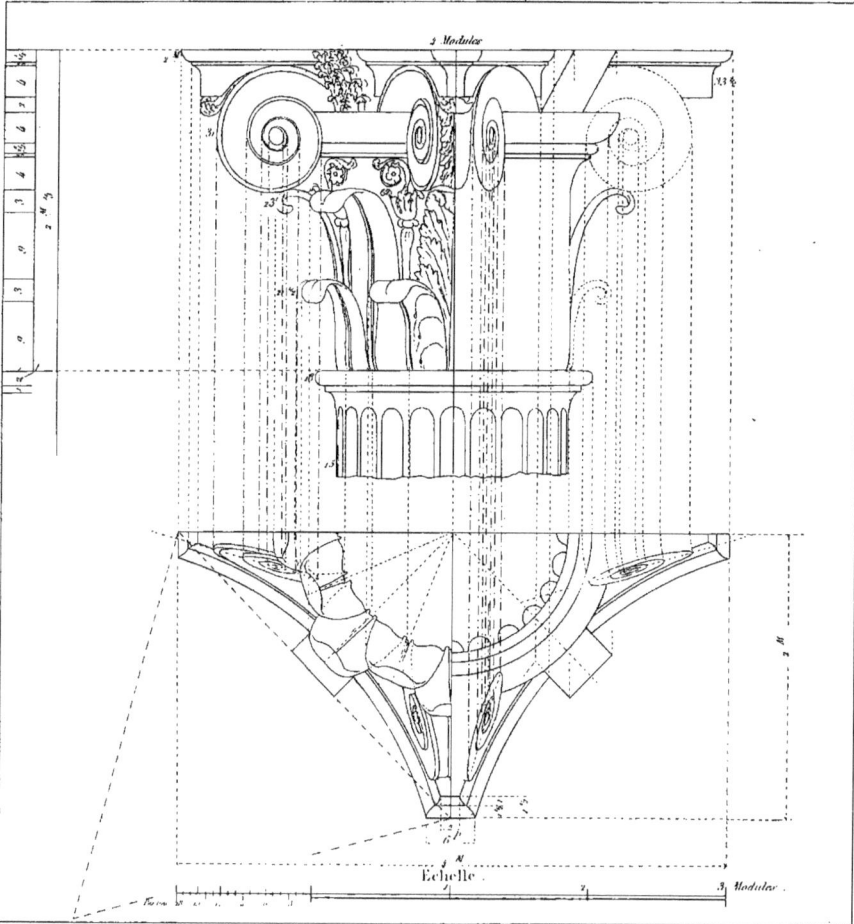

Tracé de la Volute
suivant Daviler

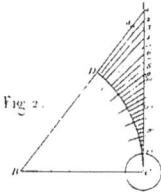

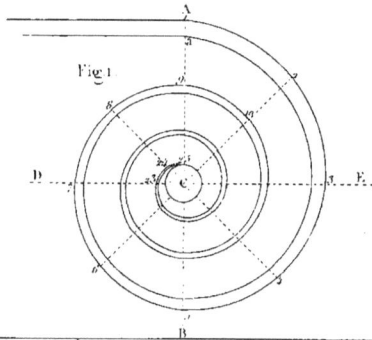

Fig 1.

Fig 2.

Dessiné et gravé par Nancy Père.

Echelle.

Dessiné et gravé par Mauzy Père.

Echelle.

Dessiné et gravé par Maicy Père.

Echelle

Dessiné et gravé par Mauzy Père.

Toscan.

Dorique.

Ionique.

Corinthien et Composite.

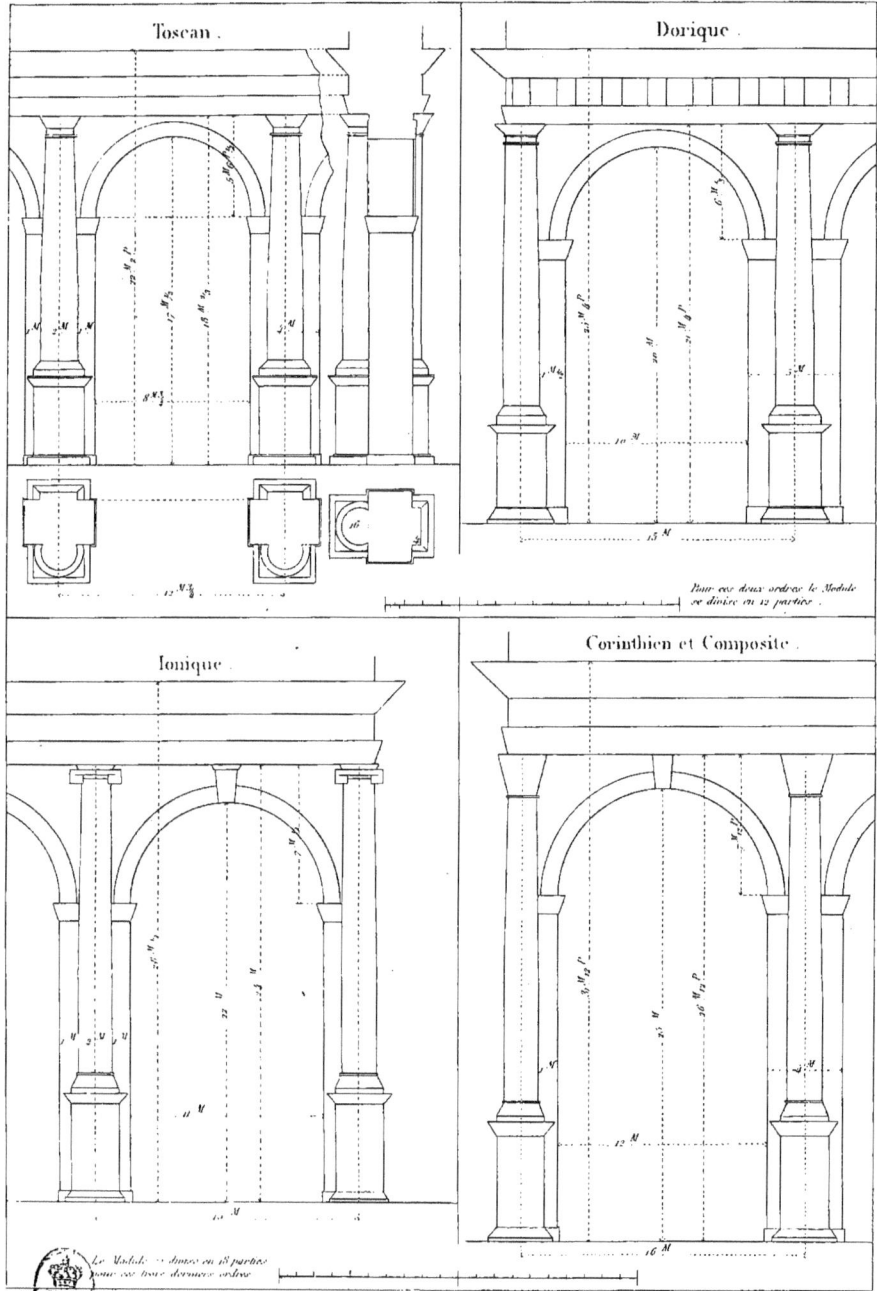

Pour ces deux ordres le Module se divise en 12 parties.

Le Module se divise en 18 parties pour ces trois derniers ordres.

Dessiné et gravé par Moisy Père.

Plan d'une Cannelure en grand.

Echelle.

Dessiné et gravé par Moisy Père.

Chapiteau Pilastre
Ionique.

Colonne lisse.

Colonne torse.

Fig. 1.

Fig. 2.

Plan.

Fig. 3.

Fig. 4.

Fig. 5.

Fig. 6.

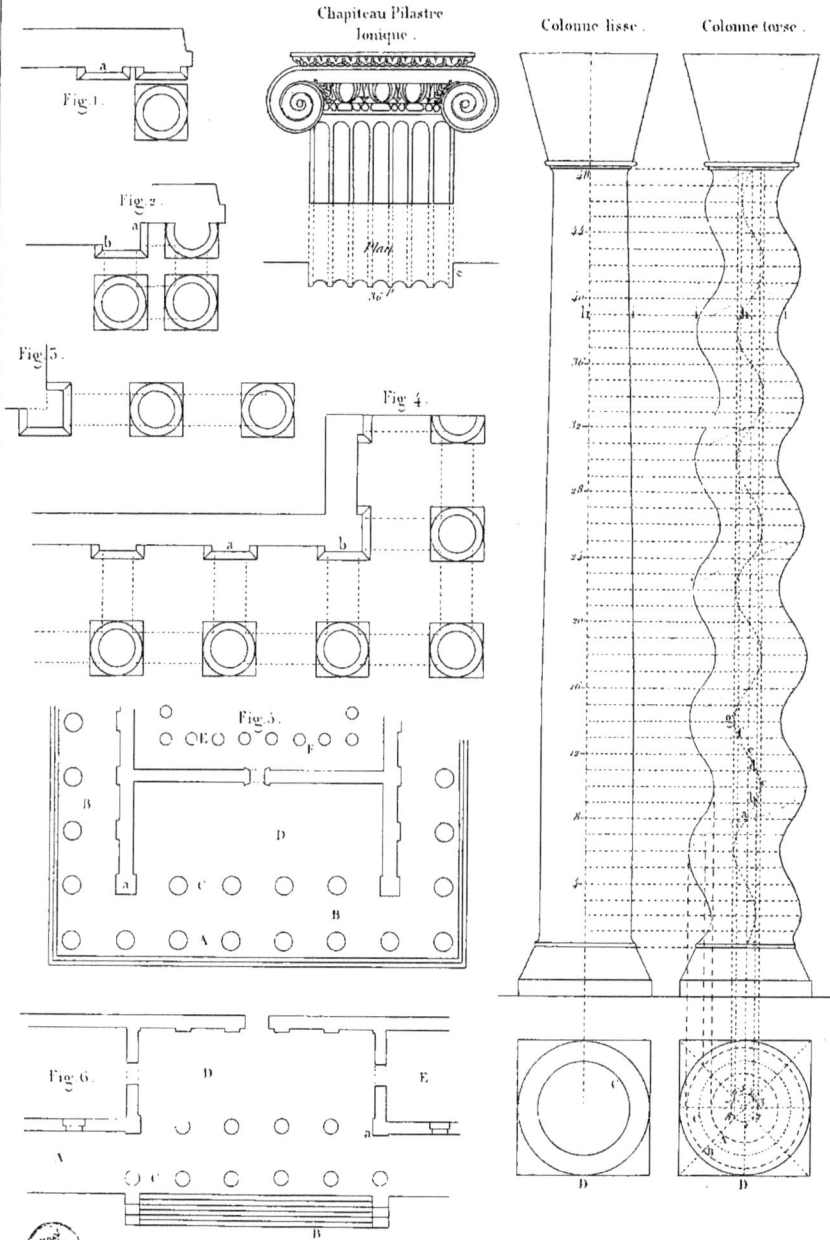

Dessiné et gravé par Visicy Père.

Fig. 1.

Fig. 2.

Fig. 3.

Décimètres 5   4   3   2   3   4   5   6   7 Mètres

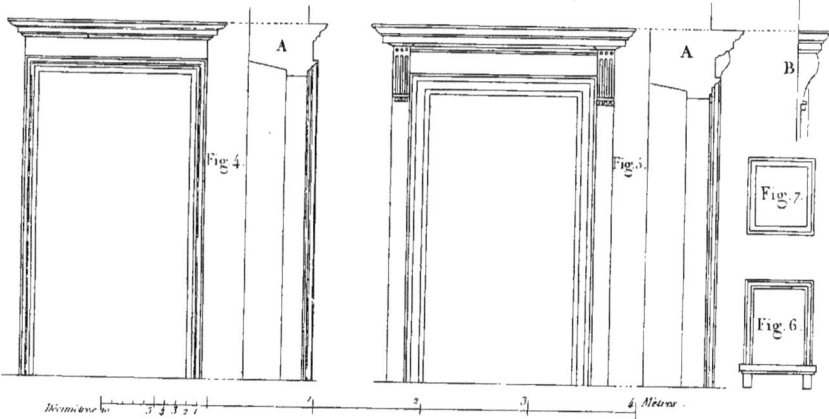

A

A

B

Fig. 4.

Fig. 5.

Fig. 7.

Fig. 6.

Décimètre   5 4 3 2 1   1   2   3   4 Mètres

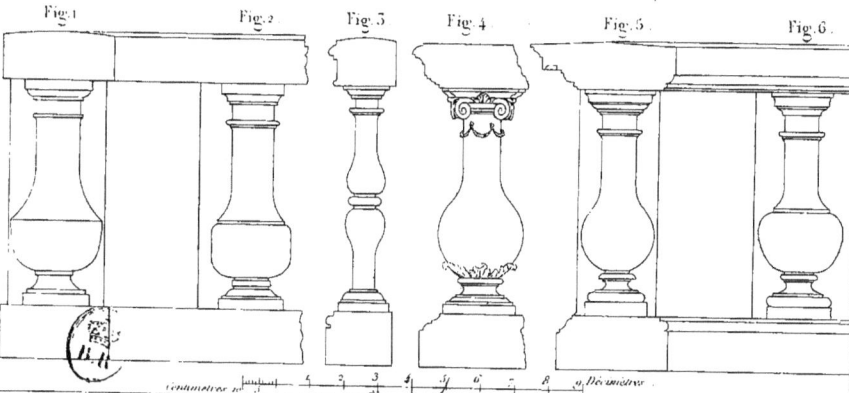

Fig. 1.   Fig. 2.   Fig. 3.   Fig. 4.   Fig. 5.   Fig. 6.

Centimètres   1   2   3   4   5   6   7   8   9 Décimètres

Dessiné et gravé par Moisy Père.

PLANS, ÉLÉVATION ET COUPE D'UNE PETITE MAISON

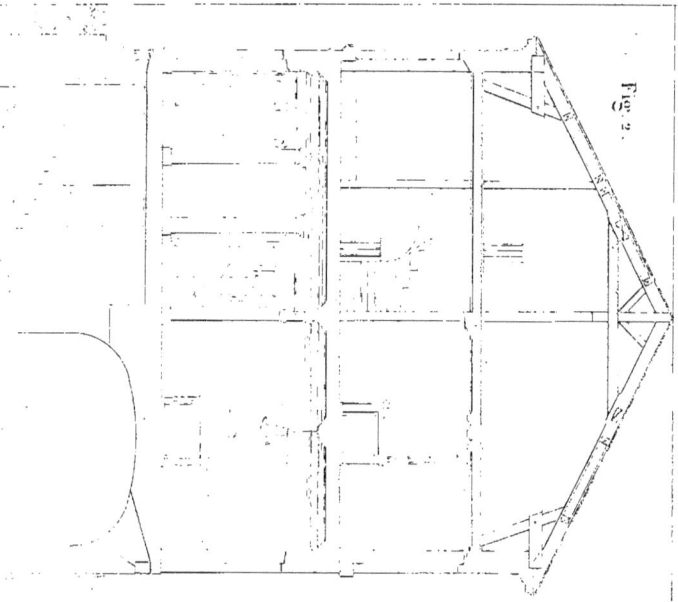

Fig. 2.

Coupe.

Pour les Élévations.

Pour les Plans.

9 Mètres.

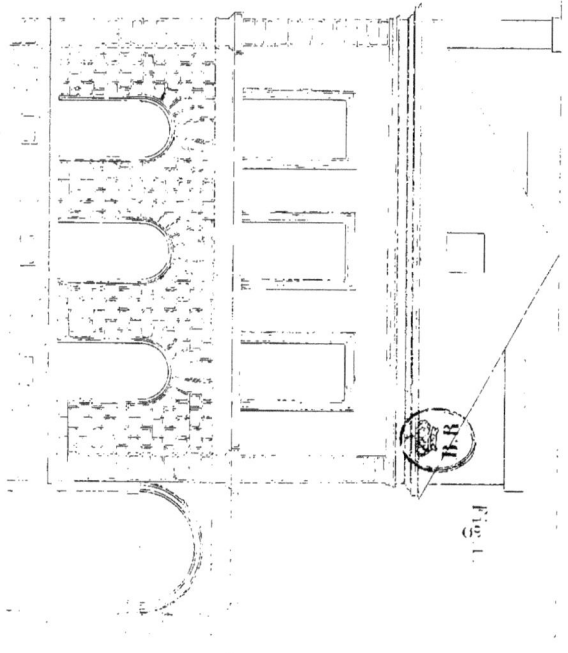

Fig. 1.

Élévation sur la rue.

Premier Étage.

Rez-de-Chaussée.

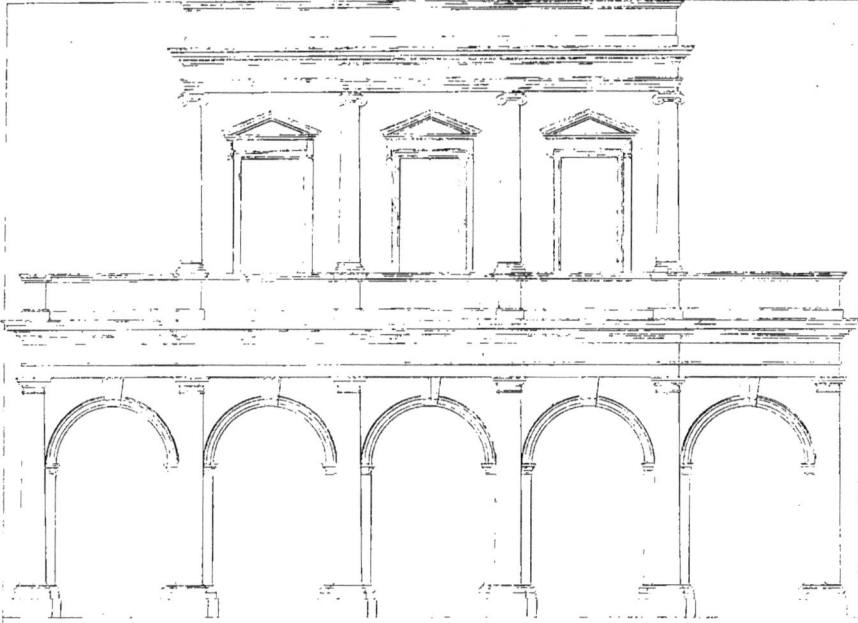

Mètres

Pl. 55.

Élevation sur la cour.

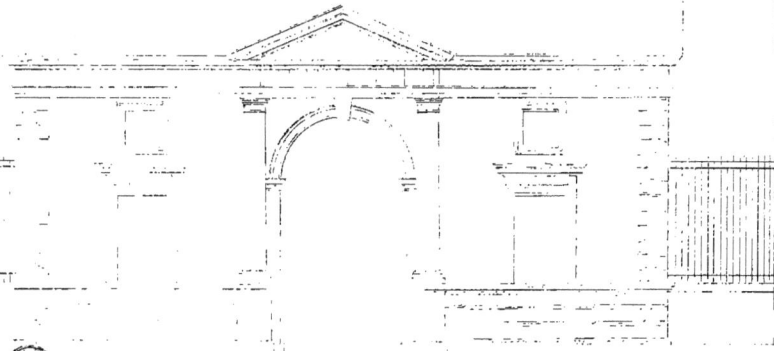

Porte d'entrée coté de la rue.

SERRURERIE.

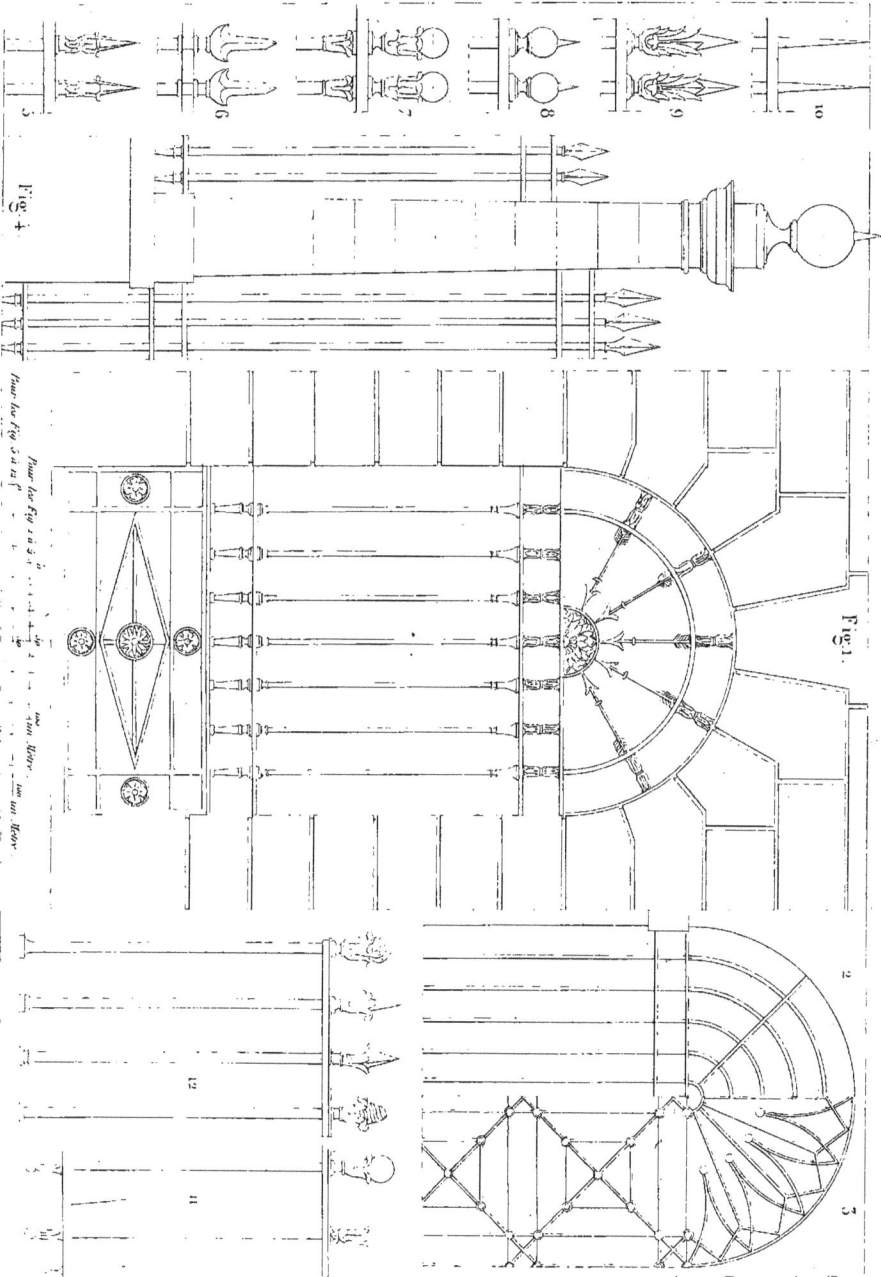

Fig. 1.

Fig. 4.

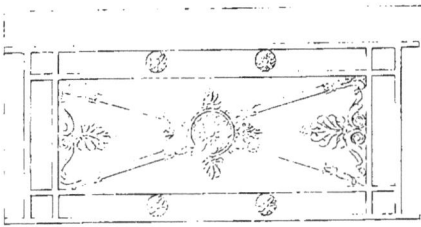

1 m 13

1 m 15

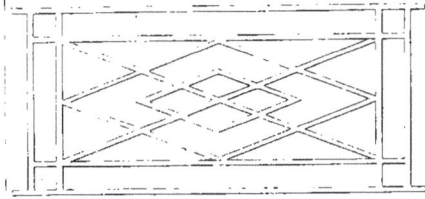

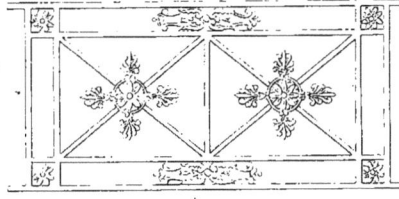

1 m 13

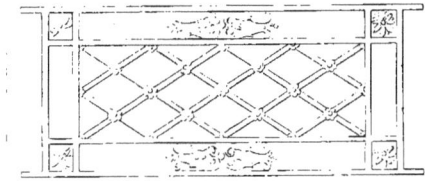

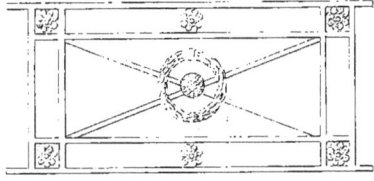

1 m 5

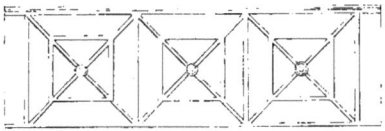

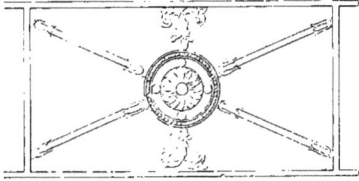

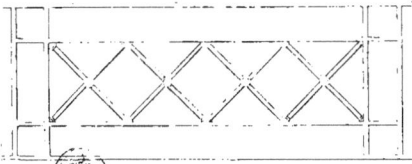

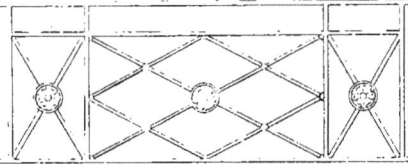

0 10 20 30 40 50

100 V

Fig. 1.

Fig. 8.

Fig. 9.

Fig. 7.

Fig. 6.

Fig. 2.

Fig. 5.

Fig. 4.

Fig. 3.

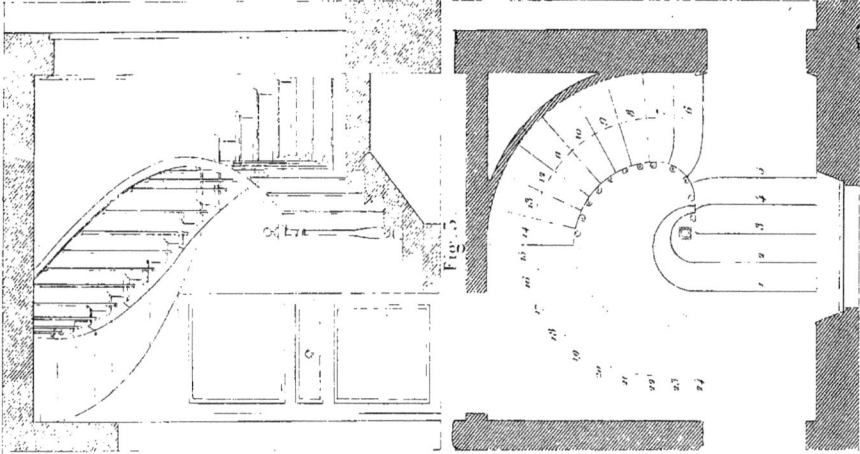

Fig. 3

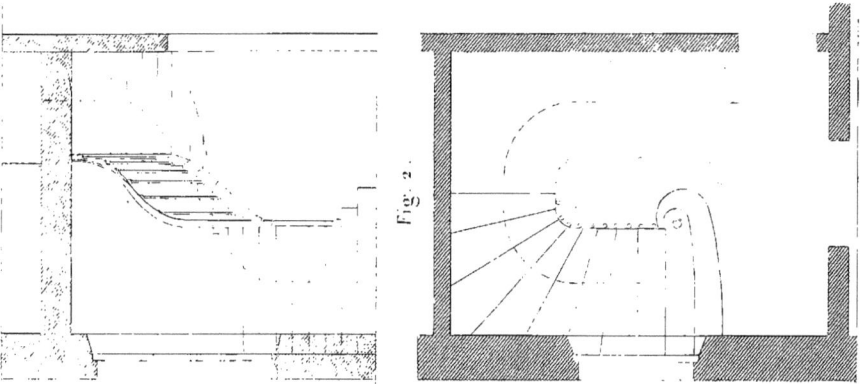

Fig. 2

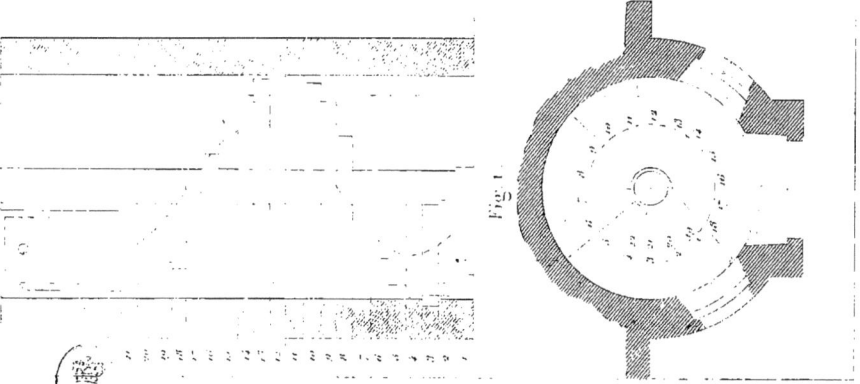

Fig. 1

CHARPENTE, ESCALIERS VIS A JOUR.

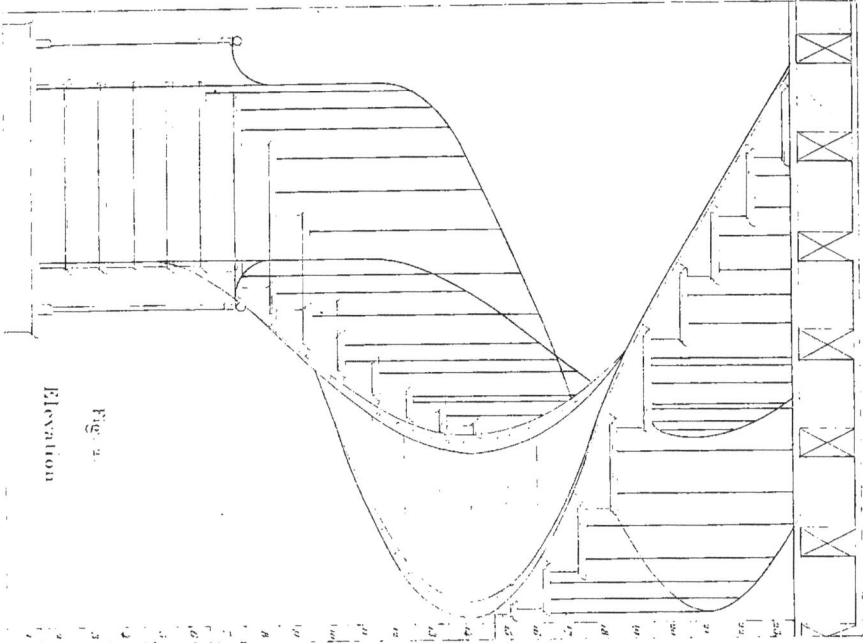

Fig. 2.
Elevation

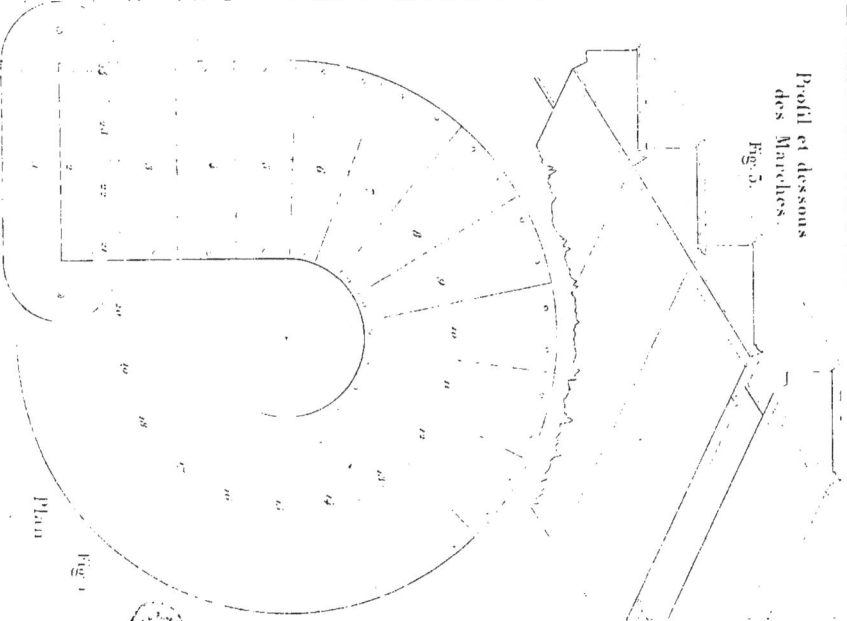

Profil et dessous
des Marches.
Fig. 3.

Plan
Fig. 1

B.R.

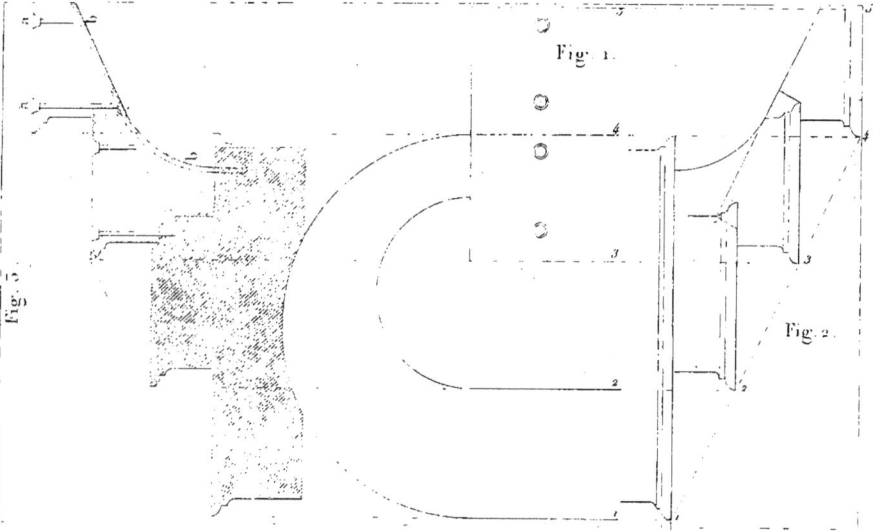

Fig. 1.

Fig. 2.

Fig. 3.

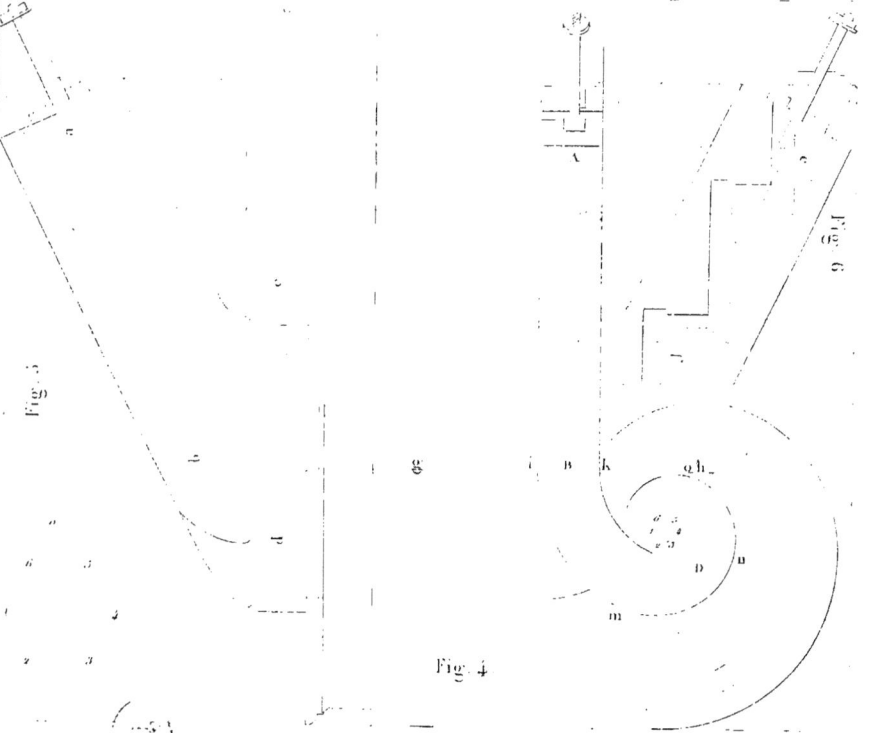

Fig. 5.

Fig. 6.

Fig. 4

3ᵐ 50   4ᵐ 20   2ᵐ 60

MAISON CONSTRUITE EN BOIS.

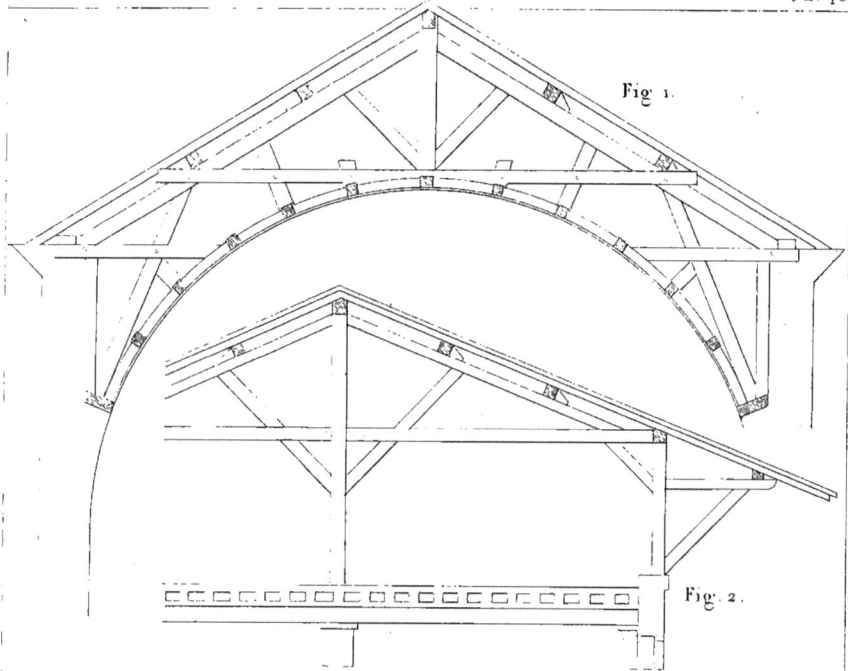

Fig. 1.

Fig. 2.

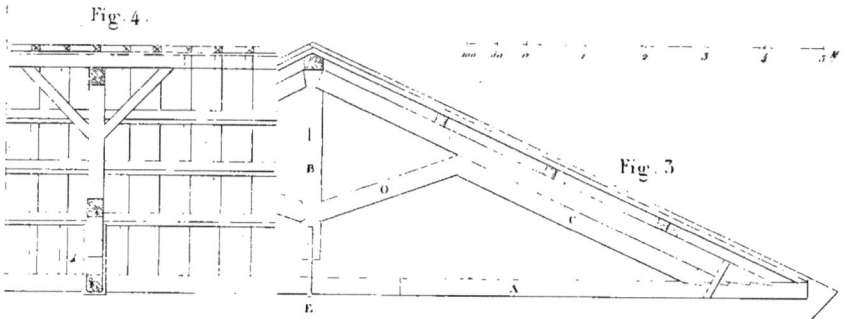

Fig. 4.

Fig. 3.

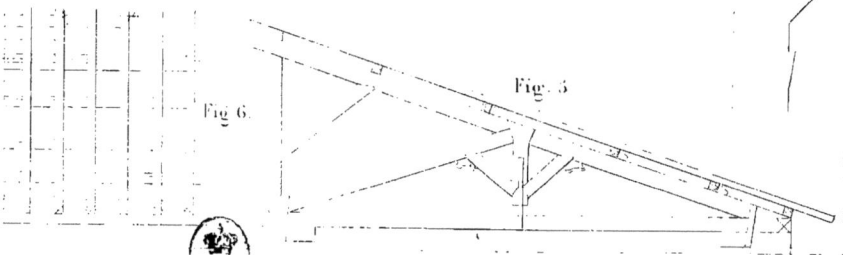

Fig. 6.

Fig. 5.

Fig. 1.

Fig. 6.

Fig. 5.

Fig. 5.

Fig. 4.

Fig. 2.

Fig. 7.

Fig. 11.

Fig. 9.

Fig. 10.

Fig. 8.

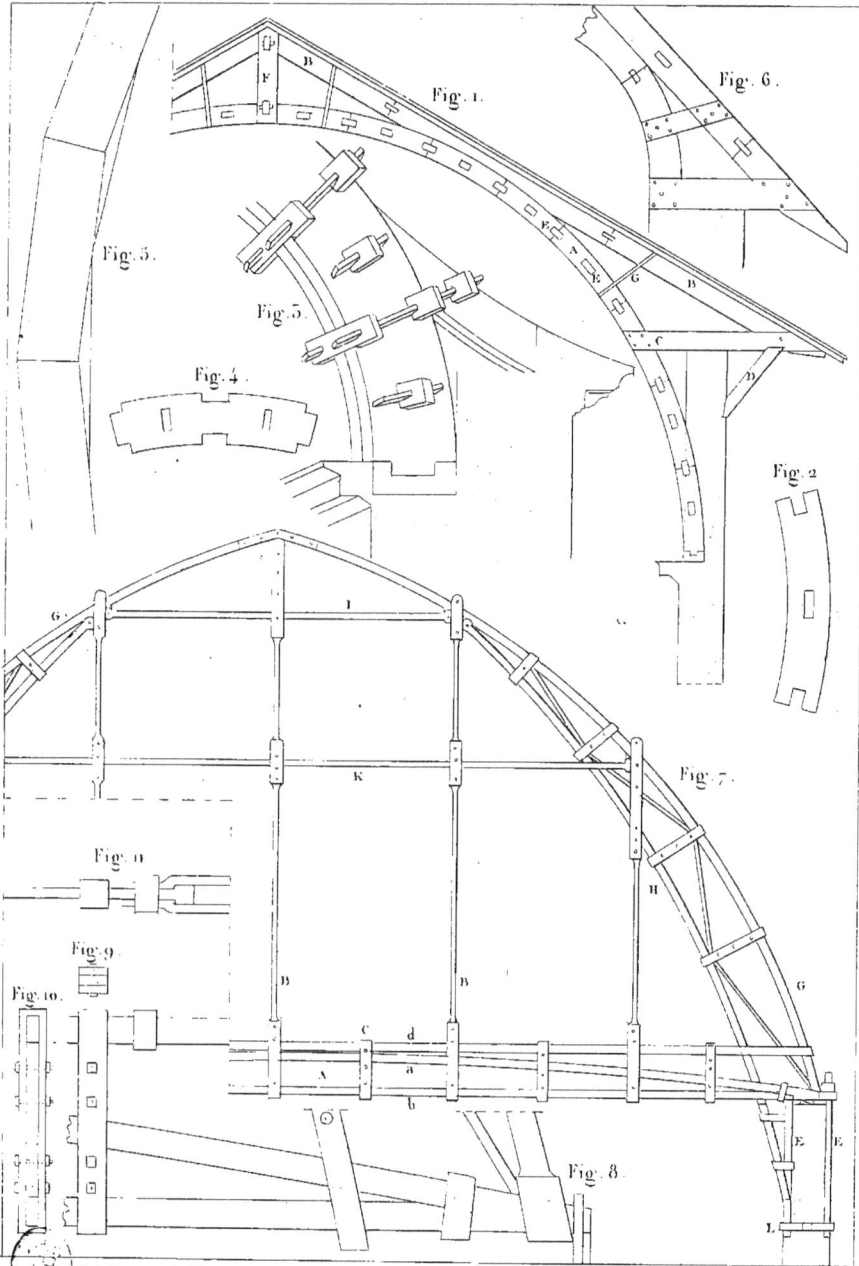

B.R. Échelle pour la Figure 7.

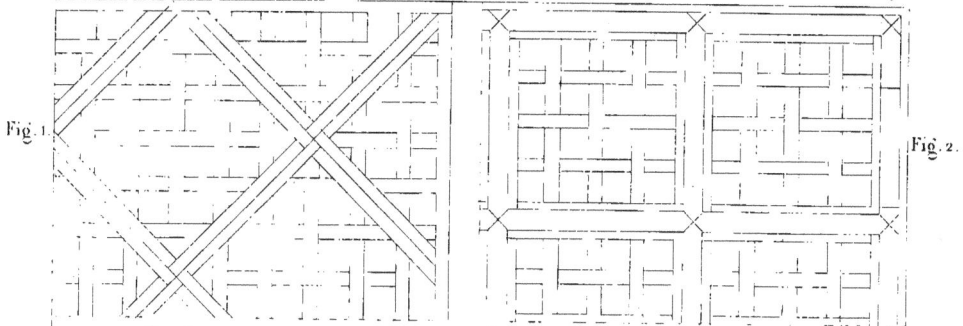

Fig. 1

Fig. 2

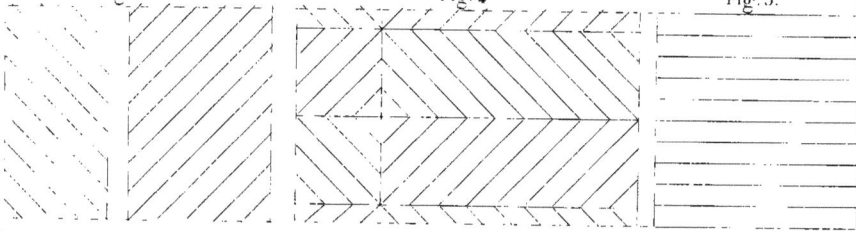

Fig. 3.

Fig. 4.

Fig. 5.

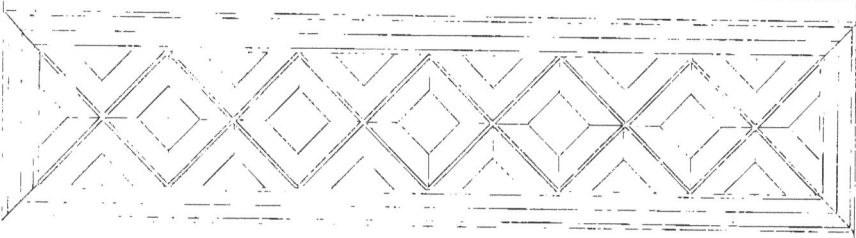

Fig. 6

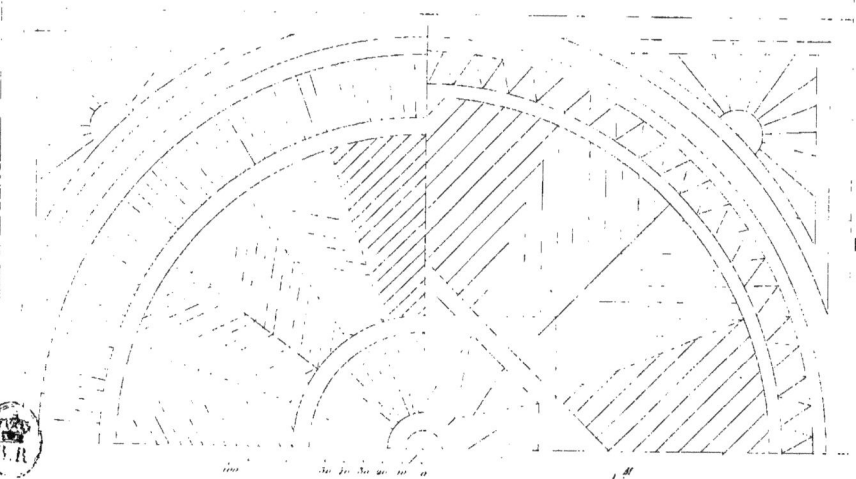

Fig. 7

Fig. 8.

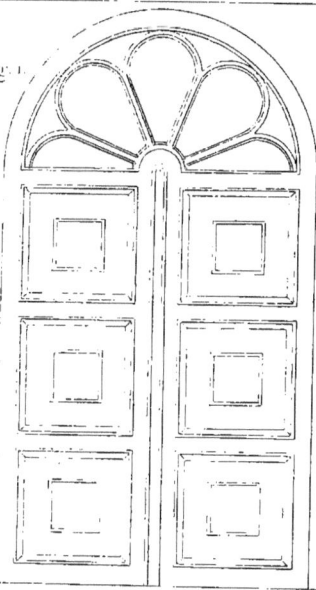

Fig. 1.

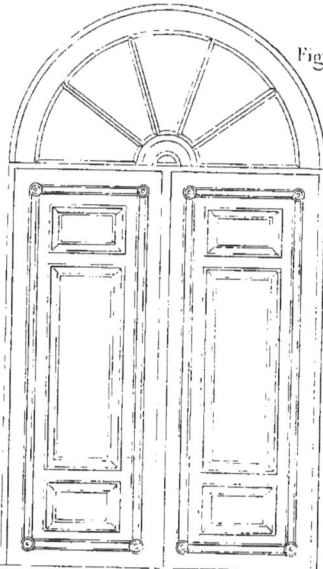

Fig. 3.

Fig. 2.

Fig. 5.

Fig. 8.

Fig. 4.

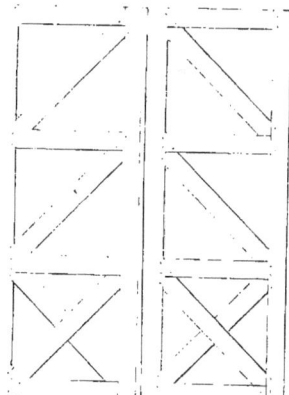

Fig. 7.

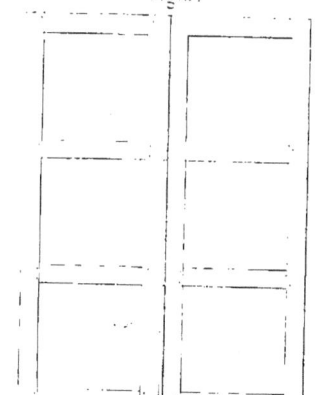

Fig. 6.

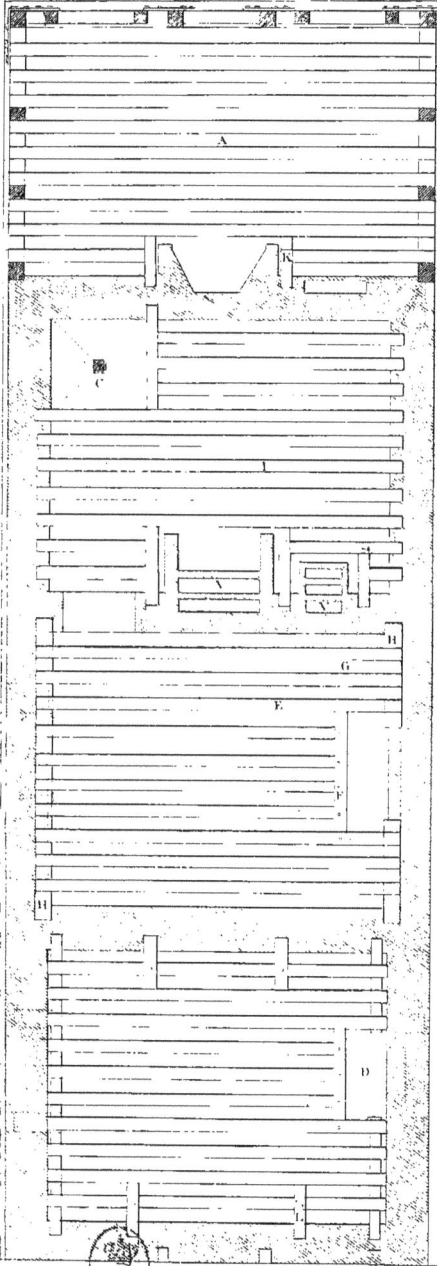

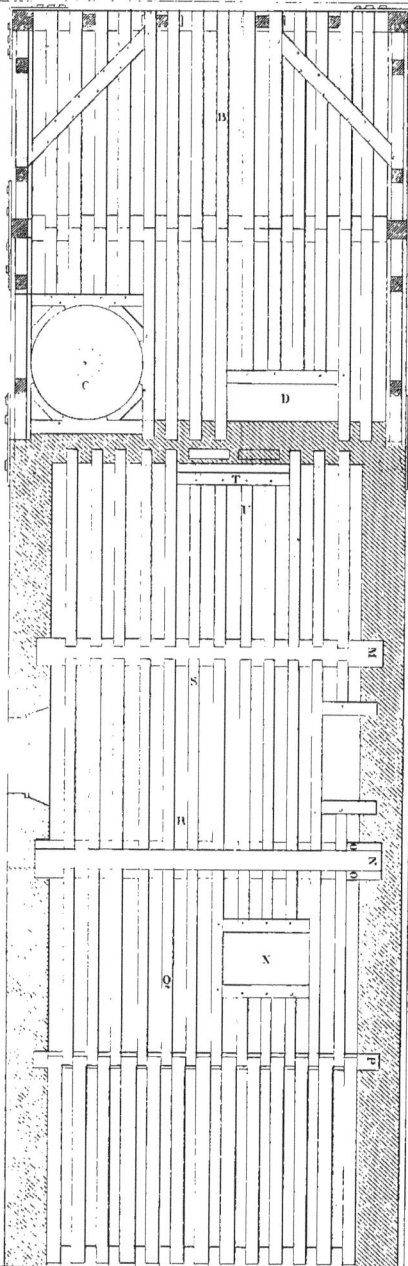

CÔTÉ DE LA CHEMINÉE.

CÔTÉ DE L'ALCOVE.

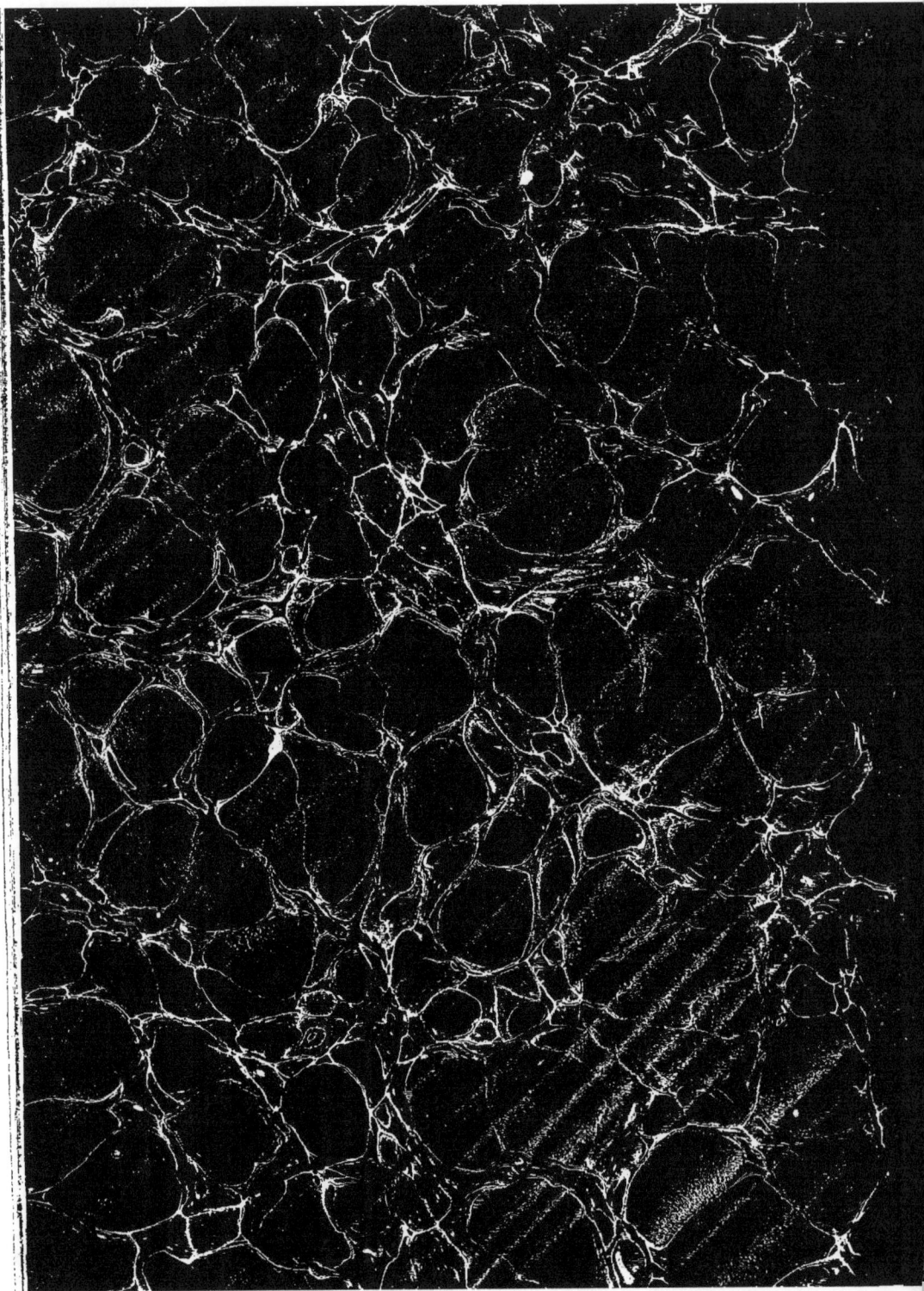

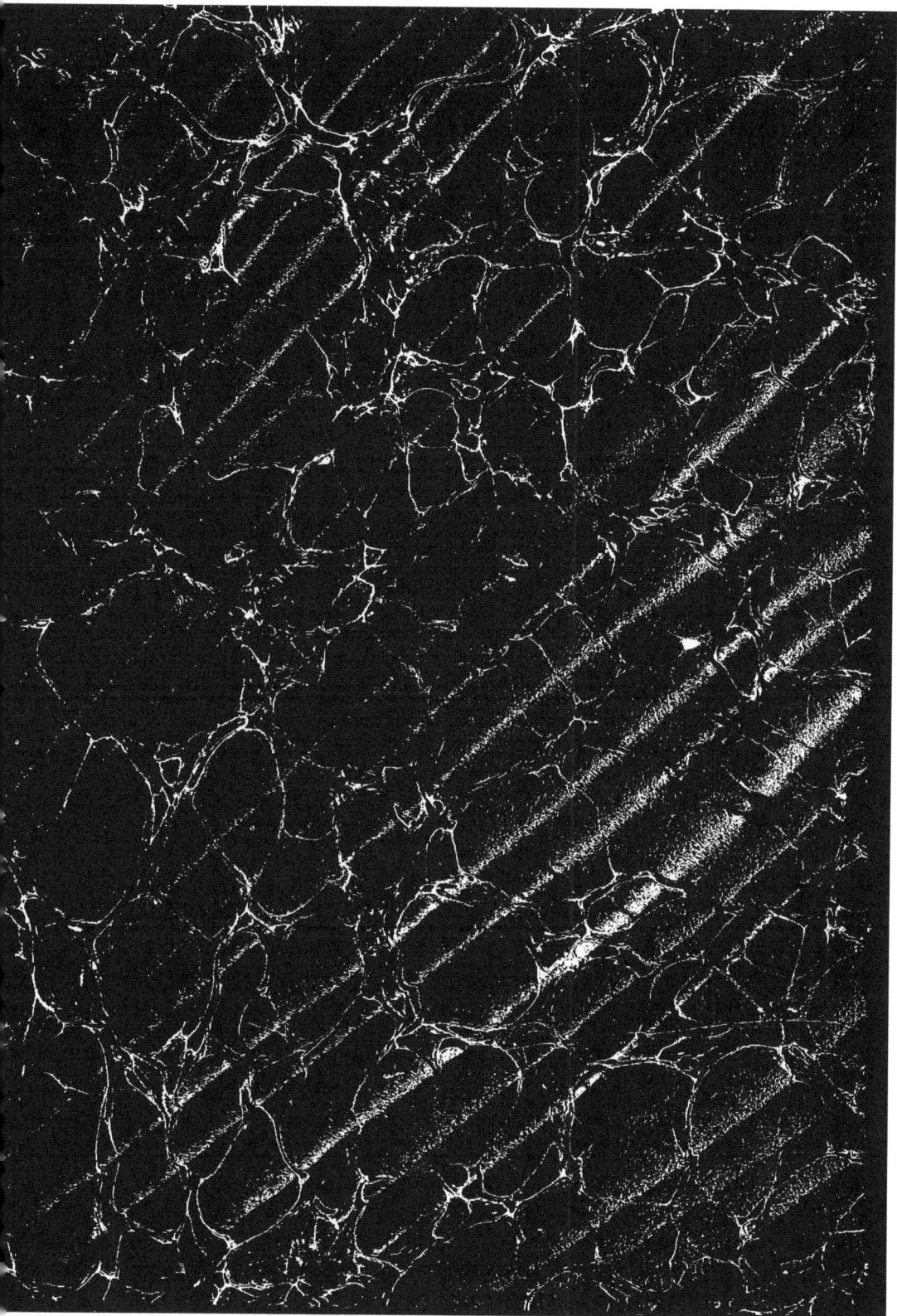

www.ingramcontent.com/pod-product-compliance
Lightning Source LLC
Chambersburg PA
CBHW060147100426
42744CB00007B/933